회복은
생명입니다

한계 속에 사는 인간이기에 일생이란 성공과 실패의 연속입니다. 그러다 보니 희망을 가질 때도 있지만 절망할 때도 있습니다. 우리가 아무리 절망적인 상황을 만난다고 하더라도 회복한다면 희망입니다.

그러나 인간의 현실을 보면 사업에 실패하여 회복을 못 하는 분들이 있고, 건강을 상실했다가 회복 못 하고 죽음을 맞이하는 사람들도 있습니다. 심지어는 믿음을 상실했다가 회복을 못 하는 사람들도 있습니다. 베드로는 예수님을 부인했던 사람이라면 유다는 예수를 팔므로 배신한 사람입니다. 그러나 베드로는 나중에 죄를 뉘우치고 믿음을 회복했다면 유다는 회복을 하지 못하고 비참한 말로를 고했습니다.

온라인 예배에 맛을 들인 교인들 가운데는 지금까지도 대면 예배로 전환하지 못한 분들도 있습니다.

어느 때보다 위기에 처한 한국교회입니다. 1970년대와 1980년대 초까지 가졌던 한국교회의 뜨거운 믿음을 회복하기를 간절히 소망하면서 회복이라는 주제로 충절로교회에서 설교했던 것들을 모아 출판하고 보니 저자의 부족한 부분들을 드러내는 것 같아 조심스러움이 있지만, 40년을 넘게 목회하면서 가장 관심을 가졌던 것이 설교였기에 은퇴가 얼마 남지 않은 지금 설교집으로 지난 목회를 정리해 보기를 원합니다. 이 설교를 접하는 독자들의 영, 혼, 육이 회복되는 은혜를 받아 누리시길 소망합니다.

끝으로 출판을 맡아주신 따스한 이야기의 김현태 목사님과 사랑하는 충절로교회 교우들의 기도와 언제나 가족들의 성원에 감사한 마음을 이 책에 담았습니다.

김지영 목사

목 차

• • • 여는글 _ 003

01 주여 이제 회복하게 하소서 _ 008

02 가치관 _ 021

03 관계 _ 034

04 감사 _ 046

05 예배 _ 059

06 건강 _ 071

07 기도 _ 083

08 감정 _ 096

09 권위 _ 108

10 교회 _ 121

11 기쁨 _ 134

12 능력 _ 147

13 말씀 _ 159

14 믿음 _ 171

15 비전 _ 183

16 사랑 _ 196

17 사명 _ 207

18 생명 _ 217

19 소망 _ 229

20 양심 _ 240

21 신뢰 _ 250

22 영성 _ 262

23 열정 _ 273

24 은혜 _ 284

25 정결 _ 295

上

회복은 생명입니다

김지영 지음

01

주여,
이제 회복하게
하소서

"그러므로 너희가 회개하고 돌이켜 너희 죄 없이 함을
받으라 이같이 하면 새롭게 되는 날이 주 앞으로부터 이를 것이
요 또 주께서 너희를 위하여 예정하신 그리스도 곧 예수를 보
내시리니 하나님이 영원 전부터 거룩한 선지자들의 입을 통하
여 말씀하신 바 만물을 회복하실 때까지는 하늘이 마땅히 그를
받아 두리라 모세가 말하되 주 하나님이 너희를 위하여 너희 형
제 가운데서 나 같은 선지자 하나를 세울 것이니 너희가 무엇
이든지 그의 모든 말을 들을 것이라 누구든지 그 선지자의 말
을 듣지 아니하는 자는 백성 중에서 멸망 받으리라 하였고 또
한 사무엘 때부터 이어 말한 모든 선지자도 이 때를 가리켜 말
하였느니라 너희는 선지자들의 자손이요 또 하나님이 너희 조
상과 더불어 세우신 언약의 자손이라 아브라함에게 이르시기
를 땅 위의 모든 족속이 너의 씨로 말미암아 복을 받으리라 하
셨으니 하나님이 그 종을 세워 복 주시려고 너희에게 먼저 보내
사 너희로 하여금 돌이켜 각각 그 악함을 버리게 하셨느니라"(
행 3:19~26).

회복은 생명입니다(上)

2021년 새해 첫 주일입니다. 2020년은 코로나19 팬데믹으로 온 세계가 엄청난 피해를 입었습니다. 그래서 2021년뿐만 아니라 인간의 삶에는 반드시 회복이 필요합니다.

총회 주제가 "주여, 이제 회복하게 하소서"인데 이 주제를 우리 충절로교회의 표어로 삼고 회복을 위해서 기도하고, 노력함으로, 회복하는 은혜가 있기를 축원합니다.

2021년에는 한 달에 두 번은 회복에 대한 말씀을 드리고 또 한 주일은 성품개발에 대해서 말씀드리고 있는데, 나머지는 절기나 성령께서 인도하시는 대로 말씀을 드리겠습니다.

미국 보스턴의 한 지하병동에 한 소녀가 격리 수용되어 있었습니다. 이 소녀는 정신병을 앓고 있어서 사람들이 다가오면 괴성을 지르고 사납게 독설을 퍼부었습니다. 의사들은 온갖 노력을 기울였지만 결국 '회복 불가능'이라고 선언하고 지하 독방에 수용했습니다. 그녀의 부모들도 "너는 차라리 태어나지 말았어야 했다"라며 딸에게 미련을 버렸습니다. 면회도 가지 않고 포기하고 말았습니다.

그때부터 이 소녀는 매일 독방에서 혼자 지내고 있었는데 어느 날 은퇴한 간호사가 이 소녀를 불쌍히 여겨서 희망을 가지고 관심을 기울이며 사랑을 쏟기 시작했습니다. 은퇴한 간호사는 6개월 동안 주님의 사랑을 가지고 복음을 전했습니다. 먹을 것을 주면 집어 던지고 말을 건네면 침묵으로 일관 했지만, 그럼에도 포기하지 않았더니 이 소녀가 마음의 문을 열기 시작했습니다. 사랑을 받아들이기 시작했습니다. 놀랍게도 '회복 불가능'이라는 진단을 받았던 정신질환에서 회복되기 시작했고 어느새 정신질환에서 완전히 해방되어 정신질환으로 고통받는 사람들을 위해 헌신하기로 결심까지 하게 되었습니다.

이 사람이 누구입니까? 헬렌 켈러(Helen Keller)입니다. Helen Keller를 세상의 빛으로 이끈 사람은 앤 설리반 머시(Anne Sullivan Macy)입니다.

정신질환으로 '회복 불가능'이라는 진단을 받았던 Helen Keller가 건강을 회복하고 삼중고의 고난 속에서도 일생을, 장애인들을 위해 바쳤을 뿐 아니라 여성인권 운동가로 활동하면서 세계적인 유명인사가 되었습니다. 그 결과 대통령 자유 메달과 수많은 명예박사학위를 받았습니다.

하나님과 예수님과 성령님은 회복시키시는 하나님이십니다. 하나님은 엿새 동안 일하시고 일곱째 날은 안식하셨습니다. 그리고 안식일을 거룩하게 지키라고 명령하셨습니다. 그래서 신앙인들은 지금도 엿새 동안 일하고 주일에는 하나님을 예배하며 엿새를 살아갈 힘을 공급받습니다.

예수님도 3년의 공생애 가운데 찾아오는 사람들뿐만 아니라 찾아가셔서 마음과 육신의 회복을 주셨습니다. 성령 하나님께서는 지치고 힘든 영혼들을 위로하시고 깨닫게 하셔서 회복의 은혜를 주십니다.

이런 면에서 성경은 회복의 역사를 기록하고 있습니다. 예수를 믿으면 회복의 역사가 일어납니다. 아담과 하와는 하나님의 말씀을 불순종하므로 하나님과의 관계가 끊어졌습니다. 그러나 예수님께서 세상에 오셔서 십자가에서 대속의 죽으심으로 하나님과의 관계가 회복되었습니다. 지옥 갈 우리가 천국 가게 되었습니다. 관계가 단절되는 것은 실패입니다. 절망입니다. 그러나 회복은 성공입니다. 축복입니다. 희망입니다.

문재인 정부에서 부동산 투기를 잡겠다고 장담하면서 이십 차례 이상 대책을 발표했지만, 대책을 내놓을 때마다 집값은 상승했습니다. 문재인 정부 출범 전보다 36.57%로 껑충 뛰었다고 합니다. 그래서, 정부실책으로 집값은 회복 불능 수준으로 치솟았다고 주장하고 있습니다.

건강이 아무리 나빠도 회복되면 희망입니다. 사업에 실패했어도 재기하면 소망입니다. 기독교는 회복의 종교입니다. 하나님은 회복시키시는 하나님이십니다. 세계는 코로나19 팬데믹으로 많은 것을 잃었습니다. 사업과 건강과 직장과 가족을 잃은 사람들도 많습니다. 잃었던 것을 회복하는 방법은 무엇일까를 말씀드릴 때 은혜받으시고 회복하시기를 축원합니다.

1. 회개하고 돌이켜 죄 없이 함을 받으라

19절을 보면 "그러나 너희가 회개하고 돌이켜 너희 죄 없이 함을 받으라 이같이 하면 새롭게 되는 날이 주 앞으로부터 이를 것이요"라고 하였습니다.

죄 가운데 있으면 실패합니다. 안 됩니다. 망합니다. 아담과 아간과 유다같은 사람이 죄로 말미암아 망한 대표적인 사람들입니다. 그러나 회개하면 용서받습니다. 잃었던 것도 회복할 수 있습니다. 모든 인간은 반드시 회개해야 합니다. 죄인이기 때문입니다. 회개하기만 하면 어떤 죄라도 용서받습니다.

죄인인 인간에게 회개보다 급선무는 없습니다. 항상 자신을 살펴야 합니다. 남에게 잘못이 보이고 죄가 보이면 왜 죄를 짓느냐고 책망할 것이 아니고 먼저 자신에게는 실수가 없었나, 죄가 없었는가를 살펴야 합니다. 실수가 보이고, 생각나면 바로 회개해야 합니다.

회개가 무엇입니까? 헬라어로 μετάνοια(메타노이아)라고 합니다. 이 말은 생각과 마음을 바꾸어 잘못된 길에서 돌이켜 방향을 전환하는 것을 뜻합니다. 잘못되었다고 생각하는데 마음을 바꾸지 않는 사람들이 있습니다. 이것은 회개가 아닙니다. 잘못되었다고 생각하고 마음을 바꾸었지만, 행동이 과거와 같다면, 이것도 회개가 아닙니다. 생각과 마음과 행동까지도 바꾸어야 회개입니다.

회복은 생명입니다(上)

미리암은 모세를 비방한 죄로 인해 나병에 걸렸습니다. 이 사실을 깨달은 아론은 모세의 신적인 권위를 인정했습니다. 그래서 자기보다 3살 아래 동생이지만, 민수기 12장 11절을 보면 이렇게 말합니다.

"슬프도다 내 주여 우리가 어리석은 일을 하여 죄를 지었으나 청하건대 그 벌을 우리에게 돌리지 마소서."

회개하면 회복됩니다. 성경은 회개하는 자들에게 복을 약속하고 있습니다.

① 하늘에서 듣고 땅을 고쳐 주십니다(대하 7:14).
② 구원받습니다(사 59:20).
③ 마음과 영이 새롭게 됩니다(겔 18:31).
④ 생명을 얻습니다(행 11:18).

회개하려면 어떻게 해야 할까요?

① 자기의 죄를 알아야 합니다(시 38:18).
② 하나님의 긍휼을 기다려야 합니다(눅 18:13).
③ 죄를 원통히 여겨야 합니다(욜 2:12~13).

④ 죄에서 떠나야 합니다(마 21:30).

⑤ 하나님께로 돌아가야 합니다(눅 15:17).

⑥ 순종의 생활을 해야 합니다.

어떤 동네에 수백 년 된 나무가 있었는데 마을 사람들은 이 나무를 자랑스럽게 생각했습니다. 이 나무는 수십 차례의 산불에서도 살아남았고 벼락을 14번이나 맞고도 살았습니다. 온갖 위험에서도 꿋꿋하게 견디어 온 나무이니 앞으로 천년이고, 이천년이고 견딜 것이라고 동네 사람들은 생각했습니다. 그런데 갑작스럽게 이 거목이 말라 죽었습니다. 당황한 동네 사람들이 그 원인을 찾기 시작했는데 딱정벌레가 나무줄기를 갉아 먹어서 죽게 되었다는 사실을 발견하였습니다.

예수님의 제자였던 가룟 유다도 작은 욕심에 예수님을 팔았습니다. 작은 병균이 사람의 생명을 앗아 갑니다. 우리 속의 작은 죄악이 나를 망가뜨릴 수 있음을 기억하고 죄를 회개하시기 바랍니다. 욕심이나 죄는 우리를 망가뜨리지만, 회개는 은혜와 복을 회복시켜 줍니다. 회복의 역사는 회개에서 시작됨을 믿으시기를 축원합니다.

2. 그의 모든 말을 들을 것이라

회복은 생명입니다(上)

22절 "모세가 말하되 주 하나님이 너희를 위하여 너희 형제 가운데서 나 같은 선지자 하나를 세울 것이니 너희가 무엇이든지 그의 모든 말을 들을 것이라."

선지자를 다른 말로 예언자라고 합니다. 선지자는 자신의 말을 하는 사람이 아니라 하나님의 말씀을 받아서 전하는 사람입니다. 그러므로 신실한 신앙인들은 설교를 들을 때 자기 교회 담임 목사님의 말씀으로 듣는 것이 아니라 하나님의 말씀으로 받습니다.

그래서 모세는 하나님께서 선지자 하나를 세울 것이니 그 모든 말씀을 들으라고 합니다. 공부 잘하는 학생들은 선생님의 말씀을 잘 듣습니다. 운동 잘하는 선수들은 감독과 코치의 가르침에 잘 따릅니다. 신앙생활도 잘하려면 하나님 말씀에 순종해야 합니다. 선지자들이나 목회자들을 통해서 듣는 하나님의 말씀에 순종할 때 은혜받습니다.

기적을 체험합니다. 회복의 역사가 일어납니다.

어미 꿩이 새끼들을 데리고 들판으로 나갔습니다. 새끼들을 모아 놓고 먼저 주의를 줍니다. "새끼들아, 먹이를 찾고 발로 더듬고 뒤집겠지만 귀는 언제나 열어 놓고 내 음성을 듣도록 해라. 어느 때 여우가 와서 해할지 모른다. 내가 큰소리를 치면 빨리 내게로 달려오도록 해라. 알았지." 어미의 말을 듣고 주의하는 새끼는 안전할 수 있습니다. 그러나 어미의 말을 잊고 여기 저기 좋은 먹이만 찾아다니다가 어미와 멀리 떨어지는 새끼는 여우가 왔을 때 어미가 소리를 질러도 들을 수가 없습니다. 결국 여우의 밥이 되고 맙니다.

우리나라 교회를 돌아보면 옛날에는 하나님의 말씀을 잘 들었습니다. 순종했습니다. 이때는 교회가 부흥하고 하나님의 역사가 나타났습니다. 그러나 현대 한국교회는 어떠합니까? 말씀을 잘 듣지 않습니다. 순종하지 않습니다. 자기 나름대로 계산합니다. 판단합니다. 그러니 하나님의 역사가 나타날 수 없습니다.

하나님의 말씀은 일정합니다. 옛날이나 지금이나 들으라고 하십니다. 순종하라고 하십니다. 순종하면 불가능한 것도 가능해 집니다. 안 되는 것도 하나님께서 되게 하십니다.

성도 여러분, 개인적으로나 가정적으로나 교회적으로도 하나님의 말씀과 교회를 위하는 일에는 계산할 것이 없습니다. 주춤거릴 이유가 없습니다. 순종하면 됩니다. 하나님께서 역사하십니다. 말씀을 들으면 성공하고 무시하면 실패합니다. 말씀에 순종하면 되고 불순종하면 될 것도 안 됩니다.

사람들을 보면 장래가 보입니다. 장래를 예언할 수 있습니다. 하나님 말씀에 순종하는 사람은 장래가 있습니다. 그러나 하나님의 일을 하면서도 계산하고 부정적으로 생각하면 장래가 어

회복은 생명입니다(上)

둡습니다. 회복되지 않습니다. 개인이나 가정이나 될 것 같은데 안 되는 것이 있다면 점검해 보시기 바랍니다.

자기 마음대로 하려고 하지 마시고 하나님이 기뻐하시는 일인가, 자기가 지금 하나님께 순종하고 있는가를 돌아보시기를 바랍니다. 안 되는 것 같아도 말씀에 순종하고 있다면 반드시 됩니다. 그러나 되는 것 같아도 불순종하고 있다면 그것은 안 됩니다. 실패합니다. 윌리암 그래드 스톤(Willim Grad Stone) 경은 영국의 최초의 목사님 가운데 한 분이신데 이런 말을 했습니다.

"나는 세계적인 인물 95명을 알고 있는데 이들 가운데 87명은 성경에 순종하는 사람이다."

교회에 필요한 사람은 똑똑하고 유능한 사람이 아니라 순종하는 사람입니다. 교회에 부유한 사람, 똑똑한 사람, 잘난 사람이 많으면 잘될 것 같지만, 아닙니다. 이런 사람들 때문에 교회는 시끄러워집니다. 교회는 똑똑한 사람이 일하는 것 같아도 아닙니다. 똑똑하지 못해도 묵묵하게 하나님 말씀에 순종하면 하나님은 순종하는 사람을 통해서 역사하십니다.

아브라함과 모세와 여호수아와 다윗 같은 사람을 보십시오. 하나님 말씀에 순종하여 역사를 일으켰고 하나님께 쓰임을 받았고 복을 받았습니다. 이런 사람들을 통해 하나님은 회복하십니다.

3. 악함을 버리게 하셨느니라

26절을 보면 "하나님이 그 종을 세워 복 주시려고 너희에게 먼저 보내사 너희로 하여금 돌이켜 각각 그 악함을 버리게 하셨느니라"고 하셨습니다.

하나님의 구원 계획의 순서는 첫째가 유대인입니다. 그리고 그 유대인들을 통해서 이방인들을 구원하고자 하셨습니다(롬 1:16). 그래서 유대인들은 하나님의 특별하신 주권적 은혜에 의해서 선지자들의 자손이요, 언약의 자손이요, 씨를 가진 자손들이었기에 구원이 예루살렘으로부터 시작되는 것은 당연한 것입니다. 사도는 이 축복을 상기시키고 있습니다.

그럼에도 유대인들은 예수님을 영접하지 않았고 십자가에 못 박아 죽였습니다. 그 죄를 버리게 하시려 많은 종을 보냈다는 것입니다. 유대인의 특권, 하나님의 백성들이 누릴 복을 회복하려면 악을 버려야 한다는 것입니다. 하나님은 유대인들에게 종교적인 특권을 주시고 그들에게 예수님을 보내셨는데 그 이유는 악한 길에서 떠나게 하려는 것이었습니다.

그래서 예수님의 공생애의 첫 번째 외침이 무엇입니까? "회개하라. 천국이 왔느니라"였습니다 회개가 무엇입니까? 악을 버리는 것입니다. 시편 34편 14절을 보면 "악을 버리고 선을 행하며 화평을 찾아 따를지어다"라고 말씀합니다

예수님 당시 유대 총독이었던 빌라도는 예수님이 죄가 없다는 것을 알았습니다. 그래서 두 번이나 모인 군중들에게 그 사실을 말했습니다. 예수님에게서 죄를 찾지 못했다고 말하면서 놓아주자고 하면서 매를 치고 석방하겠다고 말합니다. 그러나 대제사장과 관원들과 군중들은 예수님의 석방을 원치 않았습니다.

차라리 민란과 살인죄로 감옥에 있는 바라바를 석방시키고 예수님을 십자가에 달아 죽게 하기를 원했습니다. 이들은 악한 사람들입니다. 군중들의 강압에 못 이겨 선을 외면하고 예수님은 죄가 없음을 알고도 예수님이 아니라 바라바를 석방시킨 빌라도는 악한 사람입니다.

현대를 사는 우리도 악을 미워하고 선을 행해야 합니다. 그러나 우리 역시 빌라도처럼 예수님을 십자가에 못 박아야 한다고 주장하고 있는 것은 아닐까요? 눈과 귀와 입으로 악을 행할 때가 많은 우리들이 아닙니까?

윌리암 디엄(William Diehm)이라는 임상심리학자는 사람의 말이 얼마나 무서운 영양력을 끼치는지에 대해 소개하고 있습니다. 몇 년 전에 LA 인근 '쌍페르난도'에서 다섯 달 된 아이가 의붓아버지에게 "아빠 저는 아버지를 즐겁게 해 드릴 수 없어요.

저는 좋은 일을 할 수도 없어요. 저는 죽고 죽어요"라고 말을 했답니다. 그러자 의붓아버지가 "그럼, 가서 죽어"라고 했답니다. 그 말을 듣고 아이는 방에 들어가 문을 잠그고 목을 매 자살하고 말았습니다. 그럼에도 그 아버지는 처벌받지 않았습니다. 아이를 때리거나 학대를 하지 않았다는 것입니다. 그러나 의붓아버지는 말로 아이를 죽였습니다.

이처럼 잘못된 말은 사람을 죽일 수도 있습니다. 주기도문을 보면 "악에서 구하옵소서"라고 기도하라고 했습니다. 우리 안에 악이 있습니다. 사탄은 악한 자입니다. 매일 악과 싸워야 하고 악을 선으로 이겨야 합니다. 무엇보다 회복이 필요합니다. 회복을 위해서는 회개와 순종과 악을 이겨야 합니다. 신앙인으로 회복해야 될 것을 회복하고 사시기를 축원합니다.

02

가치관

　"바울과 실루아노와 디모데는 하나님 아버지와 주 예수 그리스도 안에 있는 데살로니가인의 교회에 편지하노니 은혜와 평강이 너희에게 있을지어다 우리가 너희 모두로 말미암아 항상 하나님께 감사하며 기도할 때에 너희를 기억함은 너희의 믿음의 역사와 사랑의 수고와 우리 주 예수 그리스도에 대한 소망의 인내를 우리 하나님 아버지 앞에서 끊임없이 기억함이니 하나님의 사랑하심을 받은 형제들아 너희를 택하심을 아노라"(살전 1:1~4).

　한밤중에 자던 아이가 자지러지게 놀라며 일어나서 울고 있는 소리를 듣고 아빠가 달려가 이유를 물었습니다. 아이의 대답은 이랬습니다. 꿈속에서 아빠가 죽었는데 한 노인이 다가오더니 아빠가 주는 것이니 잘 간직하라고 하면서 카메라를 주고는 사라졌다는 것입니다. 아이는 노인이 주는 카메라를 가슴에 안고 대성통곡을 하다가 잠에서 깬 것입니다 아빠는 아이의 얘기를 듣고 며칠 전 일이 생각나서 부끄러움을 느꼈습니다. 아빠는 벼르고 별러서 비싼 카메라를 한 대 샀는데 아들이 자꾸 카메라를 만지려고 합니다. 그러자 아빠는 아들이 카메라 근처에 얼씬도 못 하게 야단을 쳐서 쫓아 버렸습니다. 그러자 아이는 '아빠는 자기보다 카메라를 더 중요하게 생각한다'라고 생각하니 꿈속에서까지 '유산으로 카메라를 물려주는 아빠'로 나타나게 된 것입니다.

유대인 속담에 이런 말이 전해지고 있습니다. "어리석은 부모는 재산을 물려주고 학식이 있는 부모는 지식을 물려주고, 지혜로운 부모는 신앙을 물려준다."그렇다면 여러분은 부모로서 어리석은 부모인가요? 학식 있는 부모인가요? 아니면 지혜로운 부모이십니까?

사람은 어떤 가치관을 가지고 있느냐가 그 사람을 결정합니다. 교회를 다니고 직분을 받아서 봉사를 하고 있다고 해도 가치관이 더 중요합니다. 세상적인 가치관을 가지고 교회를 다니고 봉사하면 그 사람의 신앙생활은 세상적입니다. 그러나 기독교적인 가치관을 가지고 신앙생활하고 봉사하면 기독교적 봉사자가 됩니다.

가치관은 사람이 살아가는 데 중요한 것이 무엇인지를 판단하는 기준입니다. 기독교인이라면 기독교적인 가치관을 가져야 합니다. 하나님과 하나님의 말씀을 생각하고 판단하고 행동하는 기준이 되어야 합니다. 그럼에도 현대 사회는 가치관이 전도되었다는 말을 많이 사용합니다.

너무너무 부끄럽고 고개를 들 수 없는 일이 벌어졌습니다. 정인이의 양부모가 유명한 기독교대학을 나왔습니다. 양부모의 부모는 목회자입니다. 이런 가정에서 정인이 사건이 발생했습니다. 이 사건을 대하면서 교회 다니는 것도 중요하고 직분도 중요하지만, 기독교적인 가치관을 회복하는 것이 중요함을 인식하게 되었습니다. 올바른 가치관을 정립하려면

① 무엇을 하느냐보다는 무엇이 되느냐가 중요함을 알아야 합니다.
② 얼마를 소유했느냐보다는 어떻게 사용했느냐가 중요합니다.
③ 섬김을 받는 것보다는 섬기는 것이 값진 것을 알아야 합니다.
④ 육신보다는 영혼이 잘 되는 것이 소중함을 알아야 합니다.

본문 3절 말씀을 보면, 데살로니가교회는 믿음의 역사와 사랑의 수고와 소망의 인내가 있는 것을 바울은 하나님께 감사하고 기도할 때 이들을 기억한다고 했습니다. 그리고 고린도전서 13장 3절을 보면 "믿음 소망 사랑 이 세 가지는 항상 있을 것인

데 그 중의 제일은 사랑이라"고 했습니다. 그렇습니다. 믿음과 소망과 사랑은 항상 있어야 합니다. 꼭 필요한 것입니다. 가치 있는 것입니다.

어머니의 임종이 가까워져 오자 흑인인 아들은 흐느껴 울고 있는데 어머니는 가쁜 숨을 몰아쉬며 유언합니다. "아들아, 너에게 줄 것이라고는 아무것도 없구나. 그러나 이 어미의 말을 꼭 기억하거라. 인생을 살아가는 데 반드시 필요한 보석이 세 가지 있단다. 그것은 믿음과 소망과 사랑이란다." 이 아이의 아버지는 1년 전에 돌아가셨고 어머니마저 돌아가시면 할머니 밑에서 자라게 됩니다.

이 아이는 소아마비 장애인이기 때문에 거동이 불편합니다. 또한 흑인이라는 이유로 심한 인종차별을 받고 지긋지긋한 가난과 병마의 고통이 그를 항상 괴롭혔습니다. 그럼에도 그는 꿈을 포기하지 않았고 믿음과 미래에 대한 소망은 그를 UN 중재 담당관 자리에 오르게 했고, 사랑의 가르침은 세계 각국의 평화 협상을 이끌게 했습니다. 1950년에는 이스라엘과 아랍 간의 휴전협상을 성공적으로 이끈 공로를 인정받아 흑인 최초로 노벨 평화상 수상자가 되었습니다. 이 사람이 바로 미국의 정치학자이면서 외교관인 랠프 번치(Ralph Bunche)박사입니다.

신앙인으로서 우리가 회복해야 할 가치관은 무엇인가를 말씀드릴 때 은혜받는 성도가 되시기를 축원합니다.

1. 믿음입니다

3절에서 바울은 데살로니가교회 성도들의 "믿음의 역사를 기억한다"고 했습니다. 세상에는 돈과 권력과 명예의 가치가 대단합니다. 그래서 돈을 벌고 권력을 잡으며 명예를 지키기 위해 수단과 방법을 가리지 않으려고 합니다.

그러나 신앙인들은 돈이나 권력이나 명예보다 믿음의 가치를 인정합니다. 믿음 생활을 일이 년하고 말 것이 아닙니다. 천국 갈 때까지 해야 합니다. 어떤 일이 있어도 믿음의 줄을 잡고 살아야 합니다. 그래서 우리나라 기독교 역사뿐만 아니라 세계 기독교 역사를 보아도 신앙의 선배들은 믿음을 지키기 위해 온갖 고난을 당했습니다. 심지어는 순교자들이 엄청나게 많습니다. 순교하는 일이 있더라도 포기할 수 없을 정도로 가치 있는 것이 믿음입니다.

그런데 데살로니가교회 교인들은 믿음의 역사가 있었다고 말씀합니다. 믿음의 역사가 무엇입니까? 믿음이 생기면 예배드립니다. 기도합니다. 찬송하고, 전도하면서 교회에서 봉사합니다. 믿음에는 살아서 역사하는 산 믿음이 있고, 죽어서 역사하지 않는 죽은 믿음이 있습니다. 행함이 있는 믿음은 산 믿음, 행함이 없는 믿음은 죽은 믿음입니다. 그렇다면, 우리는 무엇을 믿어야 합니까?

① 하나님께서 천지와 만물과 인간을 창조하시고 지금도 천지와 만물과 인간을 하나님의 뜻대로 지배하시고 다스리고 계심을 믿어야 합니다.

② 예수님은 하나님의 독생자이심과 모든 사람의 죄를 대속하기 위해서 십자가에서 대속의 죽음을 당하신 것을 믿어야 합니다.

③ 성령 하나님께서는 지금도 사람들에게 믿음을 주시고, 하나님의 말씀을 깨닫게 하시고 하나님의 사람들에게 감동과 감화를 주십니다.

성령의 감동과 감화를 받을 때 하나님의 말씀을 깨닫게 되고, 하나님의 뜻대로 살게 됩니다. 하나님과 예수님과 성령을 믿어야 합니다. 믿을 때 ① 구원 받습니다. 마가복음 16잘 16절에서 이것을 말씀합니다.

"믿고 세례를 받는 사람은 구원을 얻을 것이요. 믿지 않는 사람은 정죄를 받으리라."

사도행전 4장 12절에서도 선포합니다.

"다른 이로써는 구원을 받을 수 없나니 천하 사람중에 구원을 받을 만한 다른 이름을 우리에게 주신 일이 없음이라 하였더라."

구원 얻는 길은 예수 믿는 것뿐입니다. 다른 방법은 없습니다. 사도행전 16장 31절에서 선포합니다.

"주예수를 믿으라 그리하면 너희와 네 집이 구원을 받으리라."

② 죄사함 받습니다.

사도행전 10장 43절에서 "그에 대하여 모든 선지자도 증언하되 그를 믿는 사람들이 다 그의 이름을 힘입어 죄 사함을 받는다 하였느니라"라고 했습니다. 수양이나 선행으로 죄사함은 받은 것이 아닙니다. 예수님께서 내 죄 때문에 대속의 죽음을 당하였다는 사실을 믿음으로 죄사함을 받습니다.

③ 영생을 얻습니다.

요한복음 6장 40절에서 "내 아버지의 뜻은 아들을 보고 믿는 자마다 영생을 얻는 이것이니 마지막 날에 내가 이를 다시 살리리라"고 했습니다. 요한복음 3장 16절에서도 "하나님이 세상을 이처럼 사랑하사 독생자를 주셨으니 이는 저를 믿는 자마다 멸망치 않고 영생을 얻게 하려 하심이니라"라고 했습니다.

④ 심판을 받지 않습니다.

요한복음 3장 18절에서 "그를 믿는 자는 심판을 받지 아니하는 것이요. 믿지 아니하는 자는 하나님의 독생자의 이름을 믿지 아니하므로 벌써 심판을 받은 것이니라"고 했습니다.

예수 믿는 사람들에게는 정죄함이 없습니다. 최후의 심판에서 제외됩니다. 그러나 불신자들은 아담의 범죄함으로 벌써 심판에 놓여 있습니다. 이미 그 심판은 확정되었습니다. 결국은 지옥으로 가는 것입니다. 세상의 어떤 가치 있는 것도 우리를 구원하거나 죄 사함을 받게 하거나 영생을 주지 못합니다. 심판에서 제외시키는 것도 없습니다. 그러나 믿음이 이것을 해결해 줍니다. 믿음의 가치를 깨닫고 사는 성도가 되시기를 축원합니다.

2. 사랑입니다

3절에서 "너희의 믿음의 역사와 사랑의 수고와"라고 합니다. 소망도 가치가 대단하지만, 사랑의 가치는 어떤 것과도 비교할

회복은 생명입니다(上)

수 없는 가치가 있습니다. 그래서 고린도전서 13장 13절은 이렇게 말씀합니다.

"그런즉 믿음 소망 사랑 이 세 가지는 항상 있을 것인데 그중에 제일은 사랑이라."

우리가 하나님과 관계를 맺게 된 것은 우리가 하나님을 사랑하는 열심이 특별했던 것이 아닙니다. 우리에게 하나님의 사랑을 받을 만한 어떤 조건이 있었던 것이 아니라 하나님의 사랑에서 시작되었습니다. 하나님께서 세상을 사랑하시므로 독생자를 주셨고 독생자를 믿음으로 하나님의 자녀가 된 것입니다.

우리는 하나님의 사랑을 받았기 때문에 하나님의 사랑을 회복해야 합니다. 사랑을 회복해서 하나님을 사랑하고, 이웃을 사랑하면서 살아야 합니다. 사랑이 무엇입니까? 사랑은 입술에 있는 것이 아닙니다. 실천적이어야 합니다. 짐을 나누어지고, 삶에 동참하고, 삶의 희로애락을 나누고 섬기는 것입니다.

하와이에는 나병환자들이 많았습니다. 그래서 이들을 몰로카이(Molokai)섬으로 모았습니다. 이들에게는 아무런 희망이 없으니 술 마시고 싸우고, 아편을 맞고... 지옥도 이런 지옥이 없을 정도였다고 합니다. 이곳에 선교하겠다고 나선 사람이 있습니다.

다미엔(Damien) 신부입니다. 젊은 나이에 키도 크고, 잘 생기고, 혈색도 좋은 사람이 나병환자들에게 "하나님은 사랑이십니다. 하나님이 여러분을 사랑하십니다"라고 전도하니까 복음을 받아들이는 것이 아니라 조롱하고 비판하면서 귀를 막아 버렸습니다. 그러면서 하는 말이 "너는 잘 먹고, 잘 입고, 건강하니까 하나님은 사랑이라고 말하지만, 하나님이 살아 계시면 우리처럼 코가 문드러지고 입술이 썩어 내려앉고 손가락과 발가락이 떨어져 나가게 한 하나님이 사랑이란 말이냐? 당장 나가지 아니하면 죽여 버리겠다"는 것입니다.

나환자들의 말을 들으니 틀린 말이 아닌 것 같았습니다. 그래서 하나님께 기도했습니다. "하나님, 저도 나환자가 되게 하여 주세요. 그래서 그들과 함께 생활하며 고통도 함께 나누며 섬기겠습니다." 그 후 몸에 붉은 반점이 생기기 시작했습니다. 그러자 너무 기뻐 하나님께 감사 기도를 드렸더니 눈썹도 빠지고, 손가락도 문드러지고, 코도 문드러지기 시작했습니다. 나환자의 모습으로 나환자들에게 다가가 복음을 전했더니 나환자들이 감동했습니다. 복음을 받아들였습니다. 결국 생지옥 같았던 몰로카이섬은 천국으로 변화되었다는 것입니다. 수고와 희생이 따르지 않는 사랑은 사랑이 아닙니다.

사회 심리학자이면서 정신분석학자인 에리히 프롬의 작품인 '사랑의 기술'이라는 책을 보면 사랑을 다섯 가지로 정의하

회복은 생명입니다(上)

고 있습니다.

① 관심 ② 존경 ③ 이해 ④ 책임 ⑤ 나눔입니다.

하나님의 사랑이 없었더라면 나라는 존재는 불가능했습니다. 사랑을 실천할 때 나의 가치로 상승합니다.

3. 소망입니다

3절을 보면 "너희의 믿음의 역사와 사랑의 수고와 우리 주 예수 그리스도에 대한 소망의 인내를 우리 하나님 아버지 앞에서 끊임없이 기억함이니"라고 했습니다. 소망이 있는 사람은 힘들고, 고생스럽고, 고통스러운 환경 속에서도 인내할 수 있습니다.

역사를 통해서 보면 기독교만큼 고난을 당한 종교는 없습니다. 상상할 수 없는 고난을 당하면서도 인내할 수 있었던 것은 기독교는 소망의 종교이기 때문입니다. 기독교인들은 하나님께 헌금을 드립니다. 시간을 드리고, 몸으로 봉사하면서도 더 헌금하지 못하고, 더 많은 시간을 드리지 못하고, 더 몸으로 봉사하지 못하는 것을 안타까워합니다.

이런 마음과 정신은 어디서 생기는 것입니까? 소망 때문입니다. 예수 믿는 우리에게는 부활의 소망, 상급의 소망, 천국의 소망, 영생의 소망이 있습니다. 데살로니가교회 성도들도 그리스도의 재림에 대한 소망이 있었습니다. 이 소망 때문에 인내가 가능했습니다.

집안이 너무 어려워서 학교도 못 다니고 겨우 자기 이름 석 자만 아는 사람이 그리스에서 은행에 수위를 모집하는데 응시를 했지만, 시험 문제를 읽을 수가 없어서 낙방하고 말았습니다. 은행 수위 시험에 낙방하고 너무 낙심이 되어서 교회에 가서 엉엉 울면서 기도했습니다. "하나님, 저는 왜 가난한 부모를 만나 초등학교도 못 나오고 이름 석자 밖에 모르는 무식쟁이가 되어서 은행 수위 시험에 떨어졌습니까? 하나님, 이런 제가 살 가치가 있습니까?" 그때 강력한 성령의 음성이 들려 왔습니다. "미국으로 가라." 그는 엉겁결에 "가겠습니다"라고 대답하고 미국으로 갔습니다.

미국의 중심지 뉴욕에 가서 노동일을 했습니다. 돈이 조금 모이자, 가게를 열고 아침 일찍부터 밤늦게까지 열심히 일했습니다. 십일조를 드리고 열심히 기도하며 일했습니다. 그가 60세가 되었을 때 뉴욕의 브로드웨이에서 알아주는 사업가가 되었습니다. 60세 생일 때 금융가인 월가에서 알아주는 인물들이 참석한 가운데 생일 잔치를 했습니다.

그때 기자가 제안했습니다. "선생님, 자서전을 쓰세요. 입지

전적인 분이 자서전을 쓰면 후세에 많은 도움이 될 것입니다." 그는 웃으면서 "나는 이름 석자 밖에 못 적는데 어떻게 자서전을 써요?"라고 하자, 기자가 혀를 차면서 "선생님이 만일 글을 알고 유식했다면 굉장히 유명한 사람이 되었을 것입니다"라고 했습니다.

그러자 이 사업가는 "내가 글을 아는 유식자이었다면 그리스 은행 수위장이 될 수 있지만 이처럼 부자는 되지 못했을 것입니다. 나는 비록 이름 석자 밖에 못 적지만 주님을 섬기고, 주님의 사람이기 때문에 주님이 나를 도와주셔서 미국에서 이렇게 부자로 만들어 주셨소"라고 간증했습니다.

못 배웠다는 것, 가문이 좋지 않다는 것, 환경이 어렸다는 것은 인간적으로 하는 말입니다. 하나님이 도와주시면 불가능은 없습니다. 소망이 있습니다. 성도 여러분에게는 무엇이 최고입니까? 무엇에 가치관을 두고 사십니까? 바울과 데살로니가 교인들처럼 믿음과 사랑과 소망을 최고의 가치로 알고 사는 성도가 되시기를 축원합니다.

03

관계

"옛 사람에게 말한 바 살인하지 말라 누구든지 살인하면 심판을 받게 되리라 하였다는 것을 너희가 들었으나 나는 너희에게 이르노니 형제에게 노하는 자마다 심판을 받게 되고 형제를 대하여 라가라 하는 자는 공회에 잡혀가게 되고 미련한 놈이라 하는 자는 지옥 불에 들어가게 되리라 그러므로 예물을 제단에 드리려다가 거기서 네 형제에게 원망들을 만한 일이 있는 것이 생각나거든 예물을 제단 앞에 두고 먼저 가서 형제와 화목하고 그 후에 와서 예물을 드리라 너를 고발하는 자와 함께 길에 있을 때에 급히 사화하라 그 고발하는 자가 너를 재판관에게 내어 주고 재판관이 옥리에게 내어 주어 옥에 가둘까 염려하라 진실로 네게 이르노니 네가 한 푼이라도 남김이 없이 다 갚기 전에는 결코 거기서 나오지 못하리라"(마 5:21~26).

반 고흐라는 유명한 화가가 있었습니다. 주로 19세기에 활동했는데 이분은 살아 있을 때 그의 그림을 알아주는 사람이 없었습니다. 열심히 그림을 그렸지만 제대로 한 점도 팔지 못하

회복은 생명입니다(上)

고 37살에 세상을 떠날 때까지 대단히 가난하게 살았습니다.

반 고흐와 비슷한 시기에 활동했던 피카소라는 화가가 있습니다. 사람들은 피카소의 그림을 알아보고 많은 사람이 그의 그림을 비싼 값에 사주었기 때문에 피카소는 92세까지 건강하게 살다가 죽었습니다.

20세기가 되어서 반 고흐의 그림은 유명하게 되었습니다. 어떻게 해서 반 고흐의 그림은 죽고 나서 유명하게 되었고, 피카소의 그림은 그릴 때부터 유명하게 되었을까요?

어떤 사람은 두 사람의 인맥 관계에 있다고 했습니다. 반 고흐의 주변에는 그림을 보고 칭찬해 주거나 사 가는 사람이 없었지만, 피카소 곁에는 그림을 보고 알아주고 칭찬해 주는 친구와 사람들이 많았기 때문이라고 했습니다.

그렇습니다. 반 고흐 곁에는 고흐의 천재성을 알아주는 사람이 없었습니다. 오히려 정신병자로 보고 비난하는 사람들만 있었습니다. 이것은 사실입니다. 사람은 인맥이 중요합니다. 관계가 중요합니다. 영적으로도 그렇고 육적으로도 마찬가지입니다. 성공적인 삶을 위해서는 먼저 관계에 성공해야 합니다.

인생은 관계입니다. 좋든 싫든 관계 속에서 살 수밖에 없습니다. 어디를 가든지, 무슨 일을 하든지 관계를 맺어야 합니다. 돈이 필요하지만 관계가 중요합니다. 돈이 아니라 관계가 우리를 행복하게 합니다. 좋지 못한 관계로 인해 불행한 사람들도 얼마든지 있습니다.

① 관계 때문에 상처받습니다.
② 관계 때문에 시험에 듭니다.
③ 관계 때문에 갈등하고 힘들어합니다.
④ 관계 때문에 누군가를 싫어하고 시기와 질투합니다.
⑤ 관계 때문에 직장에서 퇴직합니다.
⑥ 부부가 관계 때문에 이혼합니다.
⑦ 좋지 못한 관계로 인해 스트레스를 받고 우울하고 병들고
   자살하는 사람도 있습니다.
⑧ 좋지 못한 관계가 기쁨과 밥맛과 살맛을 떨어뜨립니다.

관계가 인생의 행복과 불행의 분수령입니다. 성령도 관계를 말씀하고 있습니다. 십계명도 관계를 말씀하고 있습니다. 1계명에서 4계명은 하나님과의 관계, 5계명에서 10계명은 사람과의 관계에 관한 명령입니다. 본문 말씀도 관계에 관한 것입니다.

1. 살인하지 말라

21절을 보면 "옛 사람에게 말한 바 살인하지 말라 누구든지

살인하면 심판을 받게 되리라 하였다는 것을 너희가 들었으나"
라고 했습니다.

십계명 가운데 여섯 번째 계명은 "살인하지 말라"입니다. 살
인자는 각 고을의 7인의 장로로 조직된 지방 재판소에서 재판
을 해서 사형에 처했습니다(신 16:8, 출 21:12, 레 24:17, 민 35:30~31). 그
러나 살인하지 말라는 말씀은 사람에게 대한 계명 같지만, 사
실은 하나님께 대한 계명입니다.

사람이 누구입니까? 하나님께서 세상을 창조하실 때 유일하
게 사람만 하나님의 형상대로 창조하셨습니다. 수만 가지 피조
물 가운데 창조의 중심은 힘센 동물이나 아름다운 꽃이 아닙니
다. 사람이 창조의 중심입니다.

창조의 중심인 사람, 하나님의 형상대로 창조된 인간이지만
하나님의 말씀을 불순종하므로 에덴동산에서 추방되었습니다.
하나님과의 관계도 단절되었습니다. 단절된 관계를 그냥 두고
만 보신 하나님이 아니십니다.

"하나님이 세상을 이처럼 사랑하사 독생자를 주셨으니 이는
그를 믿는 자마다 멸망하지 않고 영생을 얻게 하려 하심이라"(
요 3:16).

죄로 인해 단절된 관계를 회복하시기 위해 예수님을 세상에

보내시고 십자가에 달려 죽으심으로 우리의 죗값을 지불하게 하셨습니다. 이런 의미에서 사람을 자기 마음대로 미워하고 멀리하고 무시해서는 안 됩니다. 사람을 위한 하나님의 계획, 하나님의 하신 일을 생각하면 인간의 소중함을 깨달을 수밖에 없습니다.

이런 의미에서 살인하지 말라는 하나님의 말씀은 하나님과의 관계 회복을 위해서는 살인하지 말고 사람을 사랑해야 된다는 것입니다. 관계회복에서 먼저 생각해야 할 것은 하나님과의 관계입니다. 하나님과의 관계가 회복되지 못하면 모든 관계에 문제가 발생합니다. 하나님과의 관계가 정립되면 모든 관계도 좋아질 수밖에 없습니다. 하나님과 좋은 관계, 바른 관계를 위한 방법은 무엇일까요?

① 성령을 받아야 합니다.

요한복음 14장 26절을 보면 "보혜사 곧 아버지께서 내 이름으로 보내실 성령 그가 너희에게 모든 것을 가르치고 내가 너희에게 말한 모든 것을 생각나게 하리라"고 했습니다.

성령을 받으면 능력을 받습니다. 말씀의 능력, 기도의 능력, 죄악을 이기는 능력, 시험을 이기는 능력, 고난을 감당하는 능력도 성령 받음으로 가능합니다. 인간은 지식과 능력과 건강과 경제력과 모든 것에 한계가 있습니다. 그러나 성령충만하면 능력이 생깁니다.

기드온이란 사사는 농사짓고, 양치는, 평범한 사람이었습니다. 이런 기드온에게 성령이 임하자, 아말렉군대를 제어할 수 있는 장군이 되었습니다.

자신의 능력과 환경과 처지를 생각하고 낙담할 이유가 우리에게는 없습니다. 성령 받으면 능력 받습니다. 능력 받아야 하나님과 바른 관계를 맺을 수 있습니다.

② 말씀 중심이 되어야 합니다.

할까 말까 망설일 때가 있습니다. 하든지 말든지 그 기준이 무엇입니까? 장사들은 이익을 따집니다. 정치인들은 표를 생각합니다. 그러나 하나님과 올바른 관계를   맺으려면 하나님의 말씀이 중심입니다. 기준입니다. 어떤 불이익이 있어도 하나님께서 하라고 한 것을 하고, 천하를 얻게 되어도 하나님께서 하지 말라고 하신 것은 포기해야 합니다.

③ 기도해야 합니다.

부모님들은 자식들의 소식을 기다립니다. 하나님은 자녀들과 대화를 원하십니다. 그래서 기도하는 자들에게 엄청난 축복을 약속하셨습니다.

"기도하고 구한 것은 받은 줄로 믿으라" "구라하 주실 것이요 찾으라 찾을 것이요 문을 두드리면 열린다"라고 기도 응답을 약속하셨습니다. 기도는 영적인 하나님과의 대화입니다. 명절이 되면 신실한 신앙인은 하나님께 예배를 드립니다. 제사를 드리는 것은 하나님이 기뻐하지 않습니다. 하나님과의 관계를 회복하시기 바랍니다.

2. 형제를 향해 라가라 하는 자

22절을 보면 "나는 너희에게 이르노니 형제에게 노하는 자마다 심판을 받게 되고 형제를 대하여 라가라 하는 자는 공회에 잡혀가게 되고 미련한 놈이라 하는 자는 지옥 불에 들어가게 되리라"고 하였습니다.

하나님과의 관계를 회복한 신앙인은 사람들과의 관계를 통해서 주님의 향기를 받아야 합니다. 이웃에게 '라가'라고 하면 안 됩니다. 라가는 히브리인들의 욕설입니다. 이 말씀은 이웃과 좋은 관계, 바른 관계를 회복하라는 말씀입니다.

직장인 428명을 대상으로 직장 내 처세술이 필요하냐고 물었더니 90.4%가 "처세술이 필요하다"라고 했습니다. 그 이유로 "동료 및 상사와의 원만한 인간관계를 위해서" 가장 필요하다고 응답했습니다. 또 처세술이 가져오는 긍정적인 상황에 대해서는 "상사 및 동료와의 좋은 관계를 유지하기 때문"이라고 답

한 사람이 가장 많았다는 것입니다.

좋은 인간관계는 사람들에게 긍정적인 평가를 받습니다. 또 건강하고 장수하는 사람들도 인간관계가 좋다는 것이 미국 하버드대학교에서 무려 79년간 추적 조사한 결과에서도 나타나고 있습니다.

좋은 인간관계의 모범적인 사람을 성경에서 찾는다면 다윗과 요나단의 관계입니다. 요나단과 다윗은 친구관계가 될 수 없는 다른 배경을 가지고 있습니다. 요나단은 왕자입니다. 다윗은 목동입니다. 나이를 따져도 다윗보다 요나단이 훨씬 많습니다. 요나단은 아버지를 비롯한 많은 사람에게 기대와 사랑을 받고 자랐습니다. 다윗은 아버지와 형들에게 멸시와 냉대를 받았습니다.

두 사람 사이에는 분명한 차이가 있음에도 요나단은 다윗을 친구로 삼고 평생을 좋은 관계를 맺었습니다. 요나단과 다윗은 있는 그대로를 서로 받아 주었습니다. 요나단은 자기 것을 다윗에게 나누었습니다. 요나단의 아버지 사울 왕은 악착같이 남의 것도 자기 것으로 삼으려고 했습니다. 다윗의 인기가 높아지자, 그 인기도 자기 것으로 삼으려고 했습니다.

사무엘상 18장 4절을 보면 요나단은 자기가 입었던 겉옷과 군복과 칼과 활과 띠도 다윗에게 주었습니다. 사람들은 받으려고 합니다. 챙기려고 합니다. 자기 소유로 삼으려고 합니다. 그러나 예수님은 목숨까지도 내어 주셨습니다. 그리고 친히 말씀하셨습니다.

"주는 것이 받는 것보다 복이 있다"(행 20:35).

주는 것이 손해라고 생각하지만, 하나님은 주는 자에게 복을 주십니다. 다윗과 요나단은 상대방이 잘되는 것을 합당히 여겼습니다. 사울 왕이 다윗에게 내린 명령은 무슨 일이든지 지혜롭게 잘했습니다. 결국, 군대의 장이 되었습니다. 나이도 훨씬 많은 요나단의 입장에서 보면 시기할 만도 합니다. 다윗의 지위가 올라갈수록 위태로운 사람은 요나단입니다. 요나단은 다윗의 지위가 올라감에도 모든 백성과 신하들과 함께 즐거워했습니다.

요나단의 아버지 사울이 그른 사람입니다. 이스라엘의 유명한 장군들도 골리앗 앞에서 사기가 저하되어 싸울 생각도 못 했습니다. 그러나 어린 다윗이 나가서 싸우겠다고 하자 모두가 말도 안 된다고 했습니다. 그러나 자신 있어 하고 다윗 외에는 싸우려는 사람이 없어서 다윗이 나가서 싸우게 했습니다.

결국, 다윗이 골리앗을 넘어뜨렸습니다. 그러자 이스라엘에서 다윗의 인기가 사울 왕을 추월했습니다. 백성들이 노래하기를 "사울이 죽인 자는 천천이요 다윗은 만만이로다"(삼상 18:7)라고 했습니다. 이 노랫소리에 사울은 시기심이 발동하여 다윗을 죽이려고 했습니다. 그러나 요나단은 다윗의 승리를 축하하며 기뻐했습니다.

구정 명절에 형제, 자매, 친구들을 만나거나 소식을 들을 때 진심으로 축하해야 할 때 축하해 주고 위로할 사람에게는 진심으로 위로하므로 사람들과 좋은 관계를 회복하시기 바랍니다.

3. 급히 사과하라

25절을 보면 "너를 고발하는 자와 함께 길에 있을 때에 급히 사화하라 그 고발하는 자가 너를 재판관에게 내어 주고 재판관이 옥리에게 내어 주어 옥에 가둘까 염려하라"고 하였습니다.

송사하는 자와 함께 길에 있을 때 급히 사과하라고 말씀합니다. 상대방을 배려하는 입장에서도 먼저 화해하는 것이 좋습니다. 그러나 상대방이 잘못했다고 해서 내가 "이놈, 저놈" 하면서 분노하면 먼저 내 건강에 좋지 않습니다. 내게 손해입니다. 그러므로 자신을 위해서도 먼저 이해하고 용서하고 화해하는 것이 좋습니다.

우리는 하나님과 화해하고 이웃들과 화해하므로 관계를 회복시켜야 함은 물론이고 자신과의 관계도 회복되어야 합니다. 독일의 대표적인 문학가인 괴테(Goethe)는 이런 말을 했습니다.

"사람에게 일어날 수 있는 가장 끔찍한 일은 스스로를 나쁘게 생각하는 일이다."

스스로를 나쁘게 생각하고, 스스로를 경멸하고, 비하하고 무시한다면 누가 자신을 인정하겠습니까? 우리는 먼저 자신을 소중하게 생각해야 합니다. 자기 관리를 잘해야 합니다. 하나님의 형상대로 창조되었습니다. 나를 구원하시려고 하나님이 사람이 되셨고 그 예수님이 십자가에서 대속의 죽음을 당하셨습니다.

그렇다면 우리가 얼마나 소중한 존재입니까? 그러므로 스스로 소중한 존재임을 자각해야 합니다. 때로는 금식도 중요하지만, 수십 년을 토굴 속에서 금식하며 절제하며 보내는 것을 하나님께서 기뻐하실까요?

자학, 무력감, 염려, 자기 자신에 대한 불만, 불평이 가득한 상태라면 자신과도 문제지만 남들과도 좋은 관계를 맺을 수 없습니다. "관계는 향기와 같다"라고 합니다. 자신과의 관계가 좋을 때 그 좋은 향기가 남에게 전해지는 것입니다.

자신과의 관계회복이란, 자기 사랑회복입니다. 자기를 사랑하는 사람은 긍정적인 사고를 해야 하고 긍정적인 언어를 사용하고 매사에 적극적이어야 합니다. 그렇다면 자신과의 관계를 발전시키는 4가지 방법은 무엇일까요?

회복은 생명입니다(上)

① 현재에 살고 적절한 사람들과 시간을 보내라.

② 실수의 긍정적인 교훈을 소중히 하라.

③ 인간적으로 자신의 문제를 마주하고 스스로에게 솔직해
져라.

④ 스스로에게 훨씬 너그러워져라.

성도 여러분, 관계가 인생을 행복하게 하고, 성공하게 만듭니다. 하나님과의 관계, 사람들과의 관계, 자신과의 관계를 회복하셔서 영적으로나 육적으로 성공적인 성도가 되시기를 축원합니다.

04

감사

"우리가 너희를 위하여 기도할 때마다 하나님 곧 우리 주 예수 그리스도의 아버지께 감사하노라 이는 그리스도 예수 안에 너희의 믿음과 모든 성도에 대한 사랑을 들었음이요 너희를 위하여 하늘에 쌓아 둔 소망으로 말미암음이니 곧 너희가 전에 복음 진리의 말씀을 들은 것이라 이 복음이 이미 너희에게 이르매 너희가 듣고 참으로 하나님의 은혜를 깨달은 날부터 너희 중에서와 같이 또한 온 천하에서도 열매를 맺어 자라는도다 이와 같이 우리와 함께 종 된 사랑하는 에바브라에게 너희가 배웠나니 그는 너희를 위한 그리스도의 신실한 일꾼이요 성령 안에서 너희 사랑을 우리에게 알린 자니라"(골 1:3~8).

신앙인이 회복할 '감사'에 대해서 말씀드리겠습니다. 중국의 성인으로 추앙받는 공자는 자신이 싫어하는 네 가지 인간상이 있다고 했습니다. 첫째는 타인의 실패를 기뻐하는 사람, 둘째는 윗사람을 헐뜯는 자, 곧 앞에선 굽신거리고 뒤에서는 욕하는 사람입니다. 셋째는 용기는 있으나 예의가 없는 사람, 넷째는 은혜를 원수로 갚는 자, 곧 감사할 줄 모르는 사람이라고 했습니다. 이 중에서도 가장 싫은 사람을 감사할 줄 모르는 사람이라고 했습니다.

감사는 부메랑과 같아서 내가 뱉은 "감사합니다" 한 마디가 상대방의 마음을 움직여 결국, 내가 잘되는 효과를 가져오는 것입니다. 예수 믿는 사람들에게 '감사하는 마음'은 영성을 추정하는 기준이 됩니다.

어떤 성자는 "주여, 나에게 많은 은혜를 주셨습니다. 그런데 한가지 은혜만 더 주옵소서. 감사하는 마음을 주옵소서"라고 기도했습니다. 그렇습니다. 예수 믿는 우리가 받아야 할 많은 은혜 가운데 가장 큰 은혜는 감사하는 마음입니다.

사람이 얼마나 감사합니까? 은혜는 곧 잊어버리고 불평과 불만에 매어 살고 있습니다. 그래서 주변에 사람들을 살펴보아도 감사하는 사람보다는 불평하는 사람들이 많습니다.

국제법의 대가로서 헤이그 국제사법재판소의 스위스 위원을 지낸 스위스의 사상가이며 법률가인 칼 힐티(Carl Hilty)는 그의 책 '행복론'에서 행복의 첫 번째 조건으로 감사를 말하고 있습니다.

"감사하라. 그러면 젊어진다. 감사하라. 그러면 발전이 있다.

감사하라. 그러면 기쁨이 있다."

성도 여러분, 행복하길 원하십니까? 매일의 삶을 감사로 물들이시기를 바랍니다.

이스라엘 백성들은 삼대(三代) 절기를 지켰습니다. 유월절과 오순절과 초막절입니다. 유월절은 애굽에서 종살이하면서 살았는데 여기서 구원해 주신 것을 감사하는 절기이고, 오순절은 시내 산에서 율법을 받은 것은 감사하는 절기, 초막절은 광야 생활 40년간을 지켜 주신 은혜를 감사하는 절기입니다.

이렇게 보면 이스라엘 백성들의 삼대 절기는 감사의 절기이고, 이스라엘 백성들의 삶은 감사의 삶입니다. 육적인 이스라엘 백성들뿐만 아니라 예수 믿음으로 영적인 이스라엘 백성 된 우리의 삶도 감사의 삶이어야 합니다.

골로새서 3장 12절 이하를 보면 선택된 믿음과 용서받았음과 평강 주셨음을 감사해야 합니다. 사도바울은 데살로니가 교회에 편지하면서 "범사에 감사하라"(살전 5:18)고 하면서 이것은 우리를 향하신 하나님의 뜻이라고 했습니다.

그러므로 예수 믿는 우리는 자신의 사정이나 형편이 어떠하든지 하나님께로부터 받은 은혜를 생각하면서 감사해야 합니다. 성도 여러분, 코로나 팬테믹 속에서 혹시 감사를 잃었다면 감사를 회복하시기 바랍니다. 본문을 보면 바울은 골로새교인들을 생각하며 감사하고 있습니다.

1. 너희의 믿음과

4절 상반절을 보면 "이는 그리스도 예수 안에 너희의 믿음과"라고 했습니다. 바울은 골로새교인들의 믿음이 좋다는 소식을 에바브라를 통해서 듣고 하나님께 감사기도를 드리고 있습니다.

설날을 맞이했지만, 오인 이상을 모이지 못하게 했습니다. 살다 보니 별 이상한 시대를 만나기는 했지만 그럼에도 불구하고 자식이나 부모나 친척들의 소식 가운데 믿지 않는 사람이 예수 믿기 시작했다는 소식을 들었다면 이것보다 더 좋은 소식이 없을 것입니다. 또 믿음이 좋아진 사람들의 간증, 교회에서 열심히 봉사한다는 신앙적인 소식을 들었다면 얼마나 감사할 일입니까?

신앙인은 무엇보다 믿음이 좋아야 합니다. 믿음이 성장해야 합니다. 뜨거워져야 합니다. 약한 믿음, 희미한 믿음, 흔들리는 믿음, 얕은 믿음은 강하고 확신에 찬 믿음으로 성장해야 합니다. 여러분이 잘 아시는 대로 믿음이라고 하는 것은 믿고 싶다고 믿음이 생기는 것은 아닙니다.

믿음은 하나님의 선물입니다. 믿어져야 믿는 것이지, 믿어지지 않는다면 믿을 수 없습니다. 성령 하나님께서 우리 가운데 오셔서 하나님이 세상을 창조하신 것과 예수님이 하나님의 아들이라는 것과 하나님께서 우리 아버지라는 사실을 믿게 해 주셔야 합니다.

성령의 역사하심이 없다면 성경이 하나님의 말씀이라는 사실은 믿을 수 없습니다. 혹시 우리 가운데 믿음의 확신이 없으신 분이 계신다면 성령 하나님께서 오셔서 신앙의 확신을 주시기를 축원합니다.

성령의 역사하심으로 믿음이 생길 때 하나님의 자녀가 됩니다. 구원받습니다. 천국 백성이 됩니다. 이런 복을 돈이나 명예나 권력으로 누릴 수 없습니다. 오직 믿음입니다.

그렇다면 골로새교인들의 믿음은 어떤 믿음입니까?

그리스도 예수 안에 있는 믿음입니다. 참 바른 신앙으로 예수 안에 사는 생활을 의미합니다. 신앙은 예수 안에서 성립됩니다. 예수님은 요한복음 15장 4절에서 "내 안에 거하라 나도 너희 안에 거하리라 가지가 포도나무에 붙어 있지 아니하면 스스로 열매를 맺을 수 없음 같이 너희도 내 안에 있지 아니하면 그러하리라"고 했습니다.

안에 있는 것이나 밖에 있는 것은 삶과 죽음, 축복과 저주, 성민과 이방인의 차이입니다. 이스라엘 백성들은 성전 앞마당에 위치해 있었고, 이방인은 성전 바깥마당에 있었습니다. 안 마당

회복은 생명입니다(上)

에는 하나님의 긍휼과 자비와 은총이 있지만 바깥마당에는 주의 긍휼이 주어지지 않습니다.

아브라함 링컨이 대적이 쳐들어오는 순간에도 저들을 이길 수 있는 병력이나 요새나 무기가 있는가를 생각하기 전에 내가 지금, 이 순간 예수 안에 있는가를 생각했다는 글을 읽고 감동받은 적이 있습니다.

바울 신학의 핵심은 '예수 안에'입니다. 예수 안에 있을 때 모든 것을 할 수 있고, 예수를 떠나서는 아무것도 할 수 없다는 것입니다. 세상에서 가장 강한 사람은 예수 안에 있는 사람이고, 가장 약한 사람은 예수 밖에 있는 사람입니다.

중세의 성자 토마스 아퀴나스(Thomas Aquinas)에게 꿈에 하나님께서 나타나셔서 "토마스야, 내가 네게 무엇을 줄까?"라고 물으셨습니다. 그때 Thomas는 하나님께 "하나님! 저는 하나님 당신만 계시면 그것으로 만족합니다. 다른 것은 필요 없습니다"라고 대답했습니다.

이것이 믿음입니다. 예수로, 하나님으로 만족하는 것이 믿음입니다. 이것이 예수 안에 있는 신앙인의 모습입니다. 하나님께서 세상에 보내신 아들 예수를 십자가에서 죽게 하시고, 부활하게 하심으로 우리의 구주와 주님이 되게 하신 것을 믿는 믿음, 이것이 참믿음입니다.

이것을 믿는 것이 예수 안에 있는 것이고, 이렇게 되면 사단의 공격을 받더라도 안전할 수 있습니다. 그 이유는 그리스도의 생명책 안에 있기 때문입니다. 우리는 연약합니다. 부족합니다. 그럼에도 예수 안에 있기만 하면 온전하게 성장할 수 있습니다.

2. 모든 성도에 대한 사랑을 들었음이요(4절, 하반절)

골로새교회 교인들은 믿음에 입각하여 모든 성도를 사랑했습니다. 본 교회 성도들뿐만 아니라 아시아 지역에 있는 모든 성도, 넓은 의미에서는 모든 성도를 사랑했다는 것입니다.

신앙인은 믿음이 좋아야 되는 것은 당연하지만, 믿음의 열매는 사랑입니다. 믿음이 있다고 하면서 사랑이 없다면 그 믿음은 죽은 믿음입니다. 사랑은 믿음의 결과입니다. 열매입니다. 개인과 가정뿐이 아니고 교회나 어떤 공동체도 소문은 나게 되어 있습니다.

저는 가끔 우리 교인들은 저와 저의 가정에 대해서 뭐라고 말할까 궁금할 때가 있습니다. 우리 교회 주변 분들은 우리 교회에 대해서 뭐라고 말할 것인가에 대해 궁금합니다. 물론 남의 말이 다 옳은 것은 아닐 수 있어도 남에게 좋지 못한 말을 듣는 것은 하나님의 영광을 가릴 수 있습니다.

신앙인 개인과 가정과 교회는 사랑의 소문이 있어야 합니다. 하나님은 사랑이시고 교회는 사랑의 공동체이기 때문입니다.

골로새교회는 사랑이 넘친다는 소문이 퍼졌습니다. 사랑이 없는 인생은 향기 없는 꽃과 같습니다. 꽃만 그런 것이 아닙니다. 사랑이 없다면 삶의 의미도 없습니다. 그러나 사랑이 있는 곳에는 삶의 의미와 보람과 행복이 있습니다.

영국 시골 병원에 행색이 초라한 부인이 찾아와 "의사 선생님, 제 남편이 죽어가고 있습니다. 제발 살려 주세요"라고 했습니다. 의사가 하던 일을 멈추고 왕진 가방을 챙겨 들었습니다. 그런데 부인은 의사의 눈치를 보며 이렇게 말했습니다.

"선생님, 죄송하지만 미리 말씀드리지만 저는 지금 가진 돈이 없습니다."

그러자 의사가 대꾸했습니다. "그게 무슨 대수라고 사람부터 살려야지." 의사는 즉시 부인을 따라 어느 낡고 초라한 집에 도착해서 쓰러져 누운 부인의 남편을 진찰하고 이렇게 말했습니다.

"큰 병은 아니니 안심하십시오." "정말 감사합니다. 선생님."

병원으로 돌아온 의사는 환자 부인에게 작은 상자 하나를 건넸습니다. "이 상자는 집에 가서 열어보세요. 그리고 그 안에 적힌 처방대로 하면 남편분은 금세 나을 것입니다." 부인은 의사가 시키는 대로 집에 돌아와 그 상자를 열어보았습니다. 놀랍게도 상자 안에는 처방약 대신에 지폐뭉치가 들어 있었습니다. 그리고 작은 쪽지에 이렇게 적혀 있었습니다.

"처방전 – 남편분은 극도의 영양실조 상태입니다. 이 돈으로 뭐든 드시고 싶은 음식을 사 드리세요."

부인은 감격하며 눈물을 떨어뜨리며 한참 동안 그 처방전을 들여다보았습니다. 부인에게 친절을 베푼 사람은 바로 일생동안 사랑의 인술을 펼친 영국의 유명한 의사 '올리버 골드 스미스'입니다.

위대한 사람은 사랑을 베푸는 일에 결코 인색하지 않습니다. 그렇다면 저와 여러분, 그리고 우리 교회는 정말 사랑이 있는가를 우리는 깊이 생각해 보아야 합니다.

골로새교회 교인들의 사랑은 어떤 사랑일까요? 일부 꿍짝이 맞는 성도들에 대한 사랑이 아니고 모든 지체들에 대한 사랑입니다. 목회자가 교회 봉사 많이 하는 교인들만 사랑하고, 헌금 많이 하는 사람들만 가까이한다면 이것은 사랑이 아닙니다. 교인들도 목회자가 마음에 들면 열심히 봉사하고 별로 마음에 안 들면 봉사나 헌금에 나태한다면 이것도 주님 사랑, 교회 사

회복은 생명입니다(上)

랑이 아닙니다. 골로새교회처럼 모든 지체, 모든 성도를 사랑해야 합니다.

사랑이란 말을 히브리어로 생각하면 "서로 함께 결합시킨다"라는 의미입니다. 사랑을 하면 연합하고, 사랑이 식어지면 분열합니다. 사랑이 없으면 멀어지고 사랑이 있으면 가까워집니다. 쇠가 용광로에 들어가면 녹아서 한데 엉켜지듯이 사랑이 있는 곳에는 하나가 됩니다.

그러나 서로 미워하는 곳에는 하나 되지 못합니다. 분열합니다. 골로새교회처럼 우리 교회는 모든 성도가 꿍짝이 맞는 성도끼리가 아니라 모든 성도에 대한 사랑이 나타나는 교회가 되기를 바랍니다.

3. 하늘에 쌓아 둔 소망으로 말미암음이니

5절을 보면 "너희를 위하여 하늘에 쌓아 둔 소망으로 말미암음이니 곧 너희가 전에 복음 진리의 말씀을 들은 것이라"고 하였습니다. 바울은 골로새교인들에게 믿음과 사랑이 있음을 감사했고, 5절에서는 소망이 있음을 감사하고 있습니다.

세상 사람들은 낙심하고 절망하고 심지어는 삶을 포기하기도 하지만 예수 믿는 사람들은 어떤 경우에도 낙심하거나 절망하지 않습니다. 예수 믿는 사람이 실망하거나 좌절한다면 하나님께 대한 소망을 상실했다는 증거입니다.

골로새교인들이 땅을 바라보았다면 실망, 좌절, 낙심했을 수도 있지만, 이들은 하늘에 쌓아 둔 소망으로 인해 기뻐하고 즐거워하고 감사하고 찬송하면서 믿음을 지켰습니다. 하나님께 소망을 두고 살면 하나님께서 기적과 축복을 안겨 주십니다.

여러분의 소망은 무엇입니까? 우리의 소망은 우리 안에 계신 예수 그리스도십니다(골 1:27). 하나님은 우리에게 영생의 소망을 주셨습니다(딛 3:7).

우리의 소망은 영혼의 닻과 같아서 튼튼하고 견고합니다. 반석 같은 믿음을 가지고 영원한 하늘의 소망을 가지고 이 땅을 사는 것이 진정한 그리스도인의 모습입니다. 세상이 주는 소망은 일시적입니다. 안개처럼 잠시 있다가 사라집니다.

그러나 복음이 준 소망, 하늘의 소망은 무너지지 않습니다. 변질되지도 않습니다. 성도 여러분, 하늘에 소망을 두고 사시기 바랍니다. 하늘에 소망을 두고 살면 두려운 것이 없습니다. 세상에서도 담대하게 믿음을 지킬 수 있습니다. 죽음 앞에서도 담대할 수 있습니다.

예수님은 하늘을 바라보면서 사셨고, 하늘을 바라보면서 천국 소망을 지니고 살라고 가르쳤습니다. 오병이어를 가지고 하늘을 우러러 축사하셨습니다. 나사로를 무덤에서 일으키실 때도 눈을 들어 하늘을 우러러보셨습니다. 십자가에 달리셨을 때도 하늘을 향해 하나님 아버지께 부르짖었습니다.

성경에 나타난 신앙의 선배들인 아브라함과 야곱과 모세와 다윗 같은 이들도 하늘을 우러러보았습니다. 스데반과 베드로와 사도 요한도 하늘을 바라보았습니다. 하늘을 바라보았다는 것은 하늘에 소망을 두고 살았다는 것입니다.

유명한 설교가였던 스펄전 목사에게 한 부인이 찾아와 자기에게는 천국에 소망이 없는 것 같다며 사람들 앞에서 기독교인으로 산다는 것은 위선자 같다고 했습니다. 그러자 스펄전 목사님은 그 부인에게 "소망이 없다면 교회 나올 필요가 없습니다"라고 했습니다. 그러자 부인은 "안 됩니다. 지금도 천국에 소망이 없는데 그나마 교회마저 떠나서는 살 수 없습니다"라고 대답했습니다.

스펄전 목사님은 지갑에 지폐를 꺼내 주면서 "당신에게 남아 있는 희망인 천국을 내게 파시오. 그리고 교회 나오지 마시오"라고 하자, 부인은 화를 내면서 말합니다.

"안 됩니다. 비록 내가 가진 소망이 희미하지만, 수백만 달러를 준다고 해도 절대로 천국의 소망은 팔 수 없습니다."

스펄전 목사님은 이렇게 대답했습니다. "부인은 수백만 달러를 준다고 해도 팔 수 없는 소망을 가지고 있습니다. 그런데 왜 소망이 없다고 합니까?” 그러자 부인은 천국에 소망을 가졌다고 합니다.

천국에 소망을 가진 사람은 세상에서 구별된 삶을 살게 됩니다. 골로새교인들은 믿음과 사랑과 소망을 가졌고 이것을 바울은 감사하고 있습니다. 성도 여러분, 범사에 감사하시고, 감사를 잃었다면 반드시 회복하시기를 축원합니다.

회복은 생명입니다(上)

05

예배

　"아버지께 참되게 예배하는 자들은 영과 진리로 예배할 때가 오나니 곧 이 때라 아버지께서는 자기에게 이렇게 예배하는 자들을 찾으시느니라 하나님은 영이시니 예배하는 자가 영과 진리로 예배할지니라"(요 4:23~24).

　"그러므로 형제들아 내가 하나님의 모든 자비하심으로 너희를 권하노니 너희 몸을 하나님이 기뻐하시는 거룩한 산 제물로 드리라 이는 너희가 드릴 영적 예배니라 너희는 이 세대를 본받지 말고 오직 마음을 새롭게 함으로 변화를 받아 하나님의 선하시고 기뻐하시고 온전하신 뜻이 무엇인지 분별하도록 하라"(롬 12:1~2).

　유럽 동남부에 루마니아의 사회주의 공화국의 대통령이었던 악덕 독재자 차우셰스쿠에게 기독교는 눈엣가시였습니다. 그래서 교회를 정권의 시녀로 만들기 위해 당시 헝가리 개혁교회의 레오페우케르 목사를 정부 목사로 끌어들였습니다.

레오페우케르 목사는 악덕 독재자 차우세스쿠의 신임을 받으며 정부의 앞잡이 노릇을 했습니다. 레오페우케르 목사가 시무하는 티미소아교회는 당시 공산권 치하에서 가장 부흥하는 교회였습니다. 그런데, 레오 목사는 주일 낮 예배만 존속시키고 주중에 모이는 성경공부나 기도회를 모두 중단했습니다.

그러자 2,000명 이상 모이던 교회가 50명 정도로 줄어들었습니다. 이런 과정에서 레오 목사는 장례식을 집례하다가 심장마비로 죽었습니다. 그러자 라스즐로라는 견습목사가 부임하여 목회를 시작하면서 레오 목사가 중단시켰던 주중에 모이는 성경공부와 기도모임을 부활시켰습니다.

이렇게 하자 2년 만에 5,000명이 모이는 교회로 부흥했습니다. 이렇게 교회가 부흥하니 차우세스쿠 대통령이 라스즐로 목사를 좋아할 리가 없습니다. 정보부를 통해 예의 주시하는 가운데 주일 설교에서 차우세스쿠에게 정면 도전을 선포하자 박해가 시작되었습니다. 결국에는 철통 독재 정권 차우세스쿠를 몰락시키는 장본인이 되었습니다.

예배란 기독교에서 가장 중요한 신앙행위입니다. 신앙인이 주일에 교회에 가서 예배드리는 것은 은혜 중에 은혜입니다. 축복 중에 축복입니다. 그런데 한국교회를 보면 지식이 높아가고, 경제적으로 잘 살고, 문화적으로 발전하면서 교인들의 관심이

회복은 생명입니다(上)

예배에서 점점 멀어지고 있습니다.

특히 코로나19 시대를 맞이하여 비대면 예배를 권장하면서 예배가 온라인 예배나 텔레비전을 시청하는 것으로 예배를 대신하는 경향이 생겼습니다. 그러나 로마 시대 성도들은 카타콤 즉 지하 동굴에 들어가 죽음을 각오하고 믿음을 지켰습니다. 동유럽의 교회와 중국과 북한의 지하교회와 가정교회 등을 보아도 어떤 핍박과 역경 속에서도 예배가 중단되지 않았습니다.

1918년 여름 우리나라에 스페인 독감이 유행되어 20여만 명이 죽어 나가는 상황에서도 주일예배를 드렸을 뿐 아니라 거리로 나가 3.1운동을 일으켰습니다. 1950년에는 6.25전쟁 중에서도 예배를 드렸고 광주민주화운동 중에서도 예배를 드렸습니다.

성도 여러분, 예배를 중단하면 안 됩니다. 구원받은 하나님의 자녀들이 하나님께 드릴 수 있는 가장 귀중한 의식이 예배입니다. 하나님은 예배받으시기를 원하시고, 예배하는 자들을 찾고 계십니다. 하나님께 대한 신앙과 사랑의 정점은 예배에서 나타납니다. 그러므로 예배에 참석하는 것과 성수 주일과 예배 드리는 자세와 방법을 보면 그 사람의 영적인 상태가 그대로 드러납니다.

그렇다면 저와 여러분의 주일성수와 예배 참여와 예배의 자세는 어떠한가를 점검해 보고 잘못된 것이 있으면 바른 예배,

하나님께서 받으시는 예배를 회복해야 합니다. 여러분 예배란 무엇입니까?

① 하나님과 만나는 시간입니다.
② 우리의 죄를 용서받는 시간입니다.
③ 영의 양식을 공급받는 시간입니다.
④ 하나님과 영적으로 교제하는 시간입니다.
⑤ 은혜받는 시간입니다.
⑥ 하나님께 영광 돌리는 시간이 예배 시간입니다.

믿음이 좋은 사람은 반드시 예배를 귀하게 생각합니다. 예배를 무시하고 좋은 시간을 갖는 것은 불가능합니다. 그렇다면 우리가 회복해야 할 예배는 어떤 예배일까에 대해 말씀드릴 때 은혜받으시고 예배를 회복하는 은혜를 받으시기를 축원합니다.

1. 영과 진리로 예배할지니라

요한복음 4장 24절을 보면 "하나님은 영이시니 예배하는 자가 영과 진리로 예배할지니라"고 하셨습니다.

요카난이라는 사람이 예루살렘으로 기도하러 가다가 그리심산을 지나갈 때 어떤 사마리아 사람이 "어디로 가느냐?"고 묻

회복은 생명입니다(上)

더랍니다. 그래서 "예루살렘에 기도하러 간다"라고 했더니 "이 거룩한 산에서 기도하는 것이 그 저주받은 집에서 하는 것보다 낫지 않느냐?"고 하더랍니다.

예수님은 장소주의를 깨뜨리셨습니다. 하나님은 그리심 산의 사마리아인의 하나님이 아니시고, 예루살렘의 유대인의 하나님도 아닙니다. 하나님은 모든 장소를 초월하시는 만민의 신앙의 대상이십니다.

그러므로 장소가 중요한 것이 아니라 영과 진리로 예배해야 합니다. 영과 진리의 예배는 구약시대의 모형적이고 의식적인 예배가 아니라 하나님은 영이시기 때문에 영과 영이 통하는 예배를 드리라는 것입니다.

유대인이나 사마리아인들은 영이신 하나님께 형식적으로만 예배드려도 된다고 생각했습니다. 그러나 예수님은 분명하게 선포하셨습니다.

"하나님은 영이시니 예배하는 자가 영과 진리로 예배할지니라."

영은 성령님이시고 진리는 예수님이십니다. 영적인 예배는 하나님의 놀라운 은혜를 생각하며 깊은 경의와 존경하는 마음으로 드리는 예배입니다. 그러므로 영적인 예배는 하나님을 찬양하며 기뻐하며 감사하면서 드리는 예배입니다.

영적인 예배에는 자신의 모든 것을 바치는 예배입니다. 몸만 교회에 있고 마음은 제주도나 설악에 있다면 이것은 영적인 예배가 아닙니다. 예배 시간에만 드리는 예배도 영적인 예배는 아닙니다. 우리의 삶 전부를 주님께 드리는 예배를 하나님은 받으십니다. 진리로 드리는 예배는 예수님께서 가르쳐 주신 대로 드리는 예배입니다.

다윗이 언약궤를 옮기기 위해 웃사를 책임자로 세워 예루살렘으로 옮기려고 했습니다.

웃사는 언약궤를 옮기려고 수레를 만들어 산속에 있던 언약궤를 수레에 실어 옮기는데 길이 울퉁불퉁하니까 수레에 있는 언약궤가 전후좌우로 흔들거리다가 떨어질 것 같았습니다.

그러자 웃사가 언약궤가 떨어지지 않게 하려고 손으로 언약궤를 잡았더니 그 자리에서 죽고 말았습니다. 웃사는 언약궤를 손으로 만져서는 안 된다는 것을 몰랐습니다. 레위인들이 어깨로 메여서 옮겨야 됨을 몰랐던 것입니다.

하나님을 섬길 때, 교회에서 봉사할 때 자기 마음대로 하면 안 됩니다. 진리이신 예수님의 말씀을 따라 해야 합니다. 예배 드릴 때도 진리대로 해야 합니다. 진리의 예배란 무엇입니까? 하나님께서 계획하시고 작정하신 예수 그리스도에 의해서 참된 예배가 드려지는 것을 믿음으로 받아들이고 그 기초위에서 하나님께 드려지는 예배가 진리의 예배입니다. 예수 그리스도가 없는 예배는 잘못된 예배입니다.

예배만이 아니고 교회는 영적이고 예수님이 진리라고 주장해야 합니다. 이것이 아니면 인간 단체와 다를 것이 없습니다. 예배는 영적이고 진리의 예배가 되어야 합니다. 교회의 모든 행사도 영적이고 진리가 되어야 합니다. 예수님이 주장하셔야 합니다.

2. 산 제물로 드리라

로마서 12장 1절을 보면 "그러므로 형제들아 내가 하나님의 모든 자비하심으로 너희를 권하노니 너희 몸을 하나님이 기뻐하시는 거룩한 산 제물로 드리라 이는 너희가 드릴 영적 예배니라"고 하였습니다.

예배시간에 참석하는 것은 형편이나 사정이 없습니다. 신앙인이면 생명 걸고 예배에 참석해야 합니다. 예배 참석은 신앙인의 의무입니다. 동시에 우리 몸을 거룩한 산 제물로 드리라고 말씀하십니다.

구약시대는 레위기의 규례를 따라 제단에서 짐승을 죽여 바친 제물입니다. 그러므로 구약시대의 제물은 죽은 제물입니다. 그래서 바울은 로마의 신앙인들에게 산 제물을 드리라고 했습니다. 이 말씀은 신앙인의 삶이 그대로 하나님께 제물이 되라는 것입니다. 우리가 하나님께 합당하게 드릴 예배는 우리 몸을 하나님께서 기뻐하시는 거룩한 산 제물로 드리는 것입니다.

어떻게 하는 것이 몸을 주님께 드리는 것일까요?

- 시대의 풍조를 따르기보다 하나님의 뜻을 따르는 것입니다.
- 그리스도의 지체로서 분수에 맞게 생각하고 행동하는 것입니다.
- 거짓을 멀리하고 서로 대접하며 존경하는 것입니다.
- 열심을 내어 부지런히 일하는 것입니다.
- 성령으로 뜨거워진 마음을 가지고 주님을 섬기는 것입니다.
- 환난 당할 때는 인내하며 소망을 품고 꾸준히 기도하는 것입니다.
- 성도들이 쓸 것을 공급하고, 손님 대접하기를 힘쓰는 것입니다.
- 박해하는 사람을 축복하는 것입니다.
- 기뻐하는 사람과 함께 기뻐하고 우는 사람과 함께 우는 것입니다.
- 비천한 사람들과 함께 사귀고 스스로 지혜 있는체하지 않는 것입니다.
- 악을 악으로 갚지 않고, 모든 사람과 더불어 화평하게 지내는 것입니다.
- 스스로 원수 갚지 않고 하나님께 맡기는 것입니다.
- 악에게 지지 않고 선으로 악을 이기는 것입니다.

회복은 생명입니다(上)

에이브라함 링컨은 초등학교도 제대로 못 나온 사람입니다. 만일 링컨이 예수님을 만나지 못했다면 어떤 사람이 되었을까요? 사업가나 법관이 되었을지도 모릅니다. 그러나 분명한 것은 세계 정치사에서 성스러운 사람은 되지 못했을 것입니다. 미국의 노예를 해방시키고, 미국 건국사에 초석을 놓았던 그러한 일은 못했을 것입니다.

종교개혁자 루터는 그가 "예스"라고 하면 유럽이 전부 "예스"로 진동하고, "노"라고 하면 유럽이 "노"라고 진동할 정도로 지진을 일으킨 사람입니다. 루터의 종교개혁이 아니었다면 오늘날의 개신교회는 없었을 것입니다. 루터는 하나님께서 만든 사람이요, 하나님께 붙들린 사람입니다.

교부이면서 콘스탄티노플의 대주교였던 크리소스톰은 "눈은 악을 보지 않고, 혀는 비루한 말을 하지 않고, 손은 죄를 짓지 않고, 그리고 그것 이상으로 적극적으로 선행도 해야 한다. 손으로 구제하고, 입으로 찬송하고, 귀로는 성경의 모든 교훈을 들어야 한다. 이는 제사는 부정한 것을 인정하지 않기 때문이다. 제사는 바른 행위의 첫 열매이다. 그러기에 우리의 손, 발, 입 그리고 다른 지체로 하나님에게 첫 열매가 되게 하라"고 했습니다.

3. 마음을 새롭게 함으로 변화를 받아

2절 말씀을 보면 "너희는 이 세대를 본받지 말고 오직 마음을 새롭게 함으로 변화를 받아 하나님의 선하시고 기뻐하시고 온전하신 뜻이 무엇인지 분별하도록 하라"고 했습니다.

예배는 하나님과의 만남입니다. 하나님과의 만남으로 그치지 않고 사귐으로 이어집니다. 하나님과 사귀면 변화가 일어납니다. 신약 성경을 보면 예수님을 만난 사람들에게 변화가 일어났습니다. 귀가 열리고, 죄사함 받고, 올무에서 해방되고, 상한 마음이 치유되며, 앉은뱅이가 일어났습니다. 눈먼 자가 눈을 뜨고, 병든 자가 낫고, 사울이 바울이 되었습니다.

하나님께 예배드렸는데 아무런 변화가 없다면 비극입니다. 변화되는 것은 성령의 역사입니다. 하나님께 예배드릴 때는 세상 것은 다 끊어버리고 새로운 몸과 마음으로 예배를 드려야 성령께서 역사하시고 거듭남의 변화가 일어납니다.

거듭나야 하나님께서 기뻐하시는 것이 무엇인지 분별할 수 있습니다. 돼지는 돼지같이 살고, 개는 개같이 살고, 사자는 사자처럼 삽니다. 예수 믿는 우리는 어떻게 살아야 합니까? 믿는 사람답게 살아야 합니다. 그리스도인답게 살아야 합니다.

본문에서 "온전하신 뜻이 무엇인지 분별하도록 하라"고 했습니다. 변화 받은 그리스도인은 하나님의 뜻을 분별해야 합니다. 분별하라는 말씀은 시험해 보고, 테스트해 보고, 확인해 본다는 것입니다.

우리는 무엇을 확인해야 될까요? '하나님께서 기뻐하시는 옳은 일인가? 하나님의 말씀, 성경 말씀에 합당한 일인가? 교회 전통과 신앙 전통에 부합한 것인가?'를 확인하고 행동으로 옮겨야 합니다.

한국교회는 세계 어떤 민족보다 영적인 경험을 많이 했습니다. 그렇다면 마음이 새롭게 되어야 하는데 그렇지 못합니다. 그래서 교회는 열심히 다닙니다. 봉사도 잘합니다. 은혜를 받았지만 입과 손발이 변화되지 못했습니다. 그 결과 세상에서 빛과 소금의 역할을 못하고 있습니다.

심지어는 교회가 세상 사람들에게 평가대상이 되고 있습니다. 세상이 교회를 염려하는 시대가 되었습니다. 신앙인이면 사울이 예수님을 만나 바울 된 것으로 끝나면 안 됩니다. 바울로서 사명감을 가지고 살아야 합니다.

바울로서의 삶이란 상류일 때 좋아하고 자랑했던 것을 배설물처럼 버리는 것입니다. 저와 여러분을 보면 사울이었던 우리가 바울이 되었습니다. 그러나 아직 과거에 좋아하던 것을 버리지 못하고 있습니다. 과거의 것을 아직도 놓지 못하고 좋아하고 있기에 빛을 말하지 못하고 있습니다. 소금 역할을 못하고 있습니다.

하나님의 뜻은 항상 기뻐하고, 쉬지 말고 기도하고, 범사에 감사하는 것이라고 했습니다. 2021년 우리 총회와 우리 교회의 표어는 "주여! 이제 회복하게 하소서"입니다.

무엇보다 예배를 회복하시기 바랍니다. 바른 예배, 하나님께서 원하시는 예배를 드리시기 바랍니다.

하나님께서 원하시는 예배는 영과 진리로 드리는 예배이며 산 제물로 드리는 것이고 마음을 새롭게 함으로 변화를 받는 것입니다. 이런 예배를 회복하시기를 축원합니다.

회복은 생명입니다(上)

06

건강

"그 후에 유대인의 명절이 되어 예수께서 예루살렘에 올라가시니라 예루살렘에 있는 양문 곁에 히브리 말로 베데스다라 하는 못이 있는데 거기 행각 다섯이 있고 그 안에 많은 병자, 맹인, 다리 저는 사람, 혈기 마른 사람들이 누워 [물의 움직임을 기다리니 이는 천사가 가끔 못에 내려와 물을 움직이게 하는데 움직인 후에 먼저 들어가는 자는 어떤 병에 걸렸든지 낫게 됨이러라 거기 서른여덟 해 된 병자가 있더라 예수께서 그 누운 것을 보시고 병이 벌써 오래된 줄 아시고 이르시되 네가 낫고자 하느냐 병자가 대답하되 주여 물이 움직일 때에 나를 못에 넣어 주는 사람이 없어 내가 가는 동안에 다른 사람이 먼저 내려가나이다 예수께서 이르시되 일어나 네 자리를 들고 걸어가라 하시니 그 사람이 곧 나아서 자리를 들고 걸어가니라 이 날은 안식일이니"(요 5:1~9).

옛날 사람들은 돈 버는 것을 첫째로 생각했습니다. 그러나 요즘 사람들은 건강을 최고로 생각하고 있습니다. 그래서 건강을 위해서 물질과 시간과 정성을 투자합니다. 이런 말도 있습니다.

"명예를 잃으면 재산의 일부를 잃지만, 건강을 잃으면 재산의 전부를 잃는다."

자본주의 시대입니다. 돈이 최고인 것 같지만 건강을 잃는다면 돈과 명예와 권력도 의미가 없습니다. 미국의 시인이며 사상가였던 랄프 왈도 에머슨(Ralph Waldo Emerson)은 건강이 제일의 재산이라고 했고, 독일의 철학자(哲學者) 아르투르 쇼펜하우어(Arthur Schopenhauer)도 "어리석은 일 중에 가장 어리석은 일은 이익을 얻기 위해 건강을 희생하는 일이다"라고 했습니다.

때로는 건강을 상실하므로 개인과 가정에 복이 되는 경우도 있습니다. 하나님을 믿을 사람이 아닌데 건강을 잃고 난 다음 죽을 위기에서 하나님을 찾고 건강을 회복하는 사람들도 있습니다. 나태하게 신앙생활 하다가 건강을 잃고 하나님께로 돌아오기도 합니다.

'나는 위대한 과학자보다 진실한 크리스천이 되고 싶다'라는 책을 저술한 정근모 장로님은 그야말로 천재입니다. 경기고등학교를 1등으로 입학해서 4개월 만에 검정고시로 고등학교 과정을 마쳤습니다. 서울대학교에 차석으로 합격했고, 미국 미시건 대학교에 유학가서 석사를 하지 않고 6개월 만에 박사학위를 받았고 24살에 미국 플로리다 대학교에 교수가 되었습니다. 학생들보다 나이가 적어 꼬마 교수로 불렸습니다. 그야말로 천재입니다.

미국생활을 하는 가운데 10살 된 아들이 신부전증에 걸렸습니다. 장로님은 아들에게 신장 하나를 빼 주었습니다. 그런데 콩팥이 맞지 않아서 부작용을 일으켰습니다. 주사를 놓으려고 하니 다른 곳에 부작용이 생긴다는 진단이 나왔습니다. 주사를 놓을 수도, 안 놓을 수도 없어서 의사들도 갈팡질팡, 안절부절 못했답니다.

생사의 갈림길에 모두가 새파랗게 질려 있는데 교회에서 기도할 일이 있으니 기도회에 참석하라는 것입니다. 자기 형편이 이런데 기도회에 오라는 연락을 받고 장로님은 야속하다고 생각했답니다.

교회 갈 준비를 하고 있는 장로님은 "여보, 아들이 지금 삶과 죽음 사이를 오고 가는데, 언제 죽을지도 모르는데 어떻게 이 자리를 떠나요?"라고 하자 아내가 "우리가 여기 있다고 아들이 낫는 것이 아니지요. 하나님께 맡겨야 합니다. 우리가 아들 옆에 있으나 없으나 마찬가지입니다. 우리가 할 일은 없습니다. 하나님이 하셔야 합니다"라고 대답했습니다. 결국 장로님과 권사님은 교회로 갔습니다. 열심히 기도하고 돌아왔는데 놀라운 기적이 일어났습니다. 아들이 깨끗하게 치료된 것입니다.

서울 세브란스병원에서 신자와 불신자 각 100명씩 건강 진단을 했습니다. 그 결과 신자는 100명 중 40%가 병자였고, 불신자 100명 중 80%가 병자였다고 합니다. 어떤 이유로 교회 다니는 사람들의 병자 수가 적은가를 분석을 했답니다.

첫째, 하나님의 축복으로 인해서 건강하다.

둘째, 교회에서 박수 치면서 찬송하기 때문에 기쁨과 평화가 마음에 넘치고 스트레스가 풀리고 온 전신의 근육과 신경을 운동되게 하므로 건강하다.

셋째, 새벽기도회를 오가며 깨끗하고 신선한 공기를 마시기 때문에 폐가 아주 건강하다.

넷째, 교회에 와서 기도하면 마음속에 쌓였던 근심, 걱정, 속상함, 불안 등을 해소할 수 있기에 울화병이 안 생기고 간에도 지장이 안 간다.

그러나 안 믿는 사람들 대부분은 술을 마셔서 암이 생기고 병투성이라고 합니다. 본문을 보면 38년 된 병자가 고침받은 사건을 기록하고 있습니다. 말씀을 듣는 가운데 38년 된 병자처럼 육신적으로 고통 가운데 있는 성도라면 회복되는 은혜를 받으시기를 축원합니다.

1. 네가 낫고자 하느냐

6절을 보면 "예수께서 그 누운 것을 보시고 병이 벌써 오래된 줄 아시고 이르시되 네가 낫고자 하느냐"라고 물으셨습니다.

예수님은 보지 않고도 병자의 형편을 아실 수 있는 전능하신 하나님이십니다. 그런데도 환자가 누운 것을 보셨고, 병이 오래된 것도 아셨습니다. 그리고 "네가 낫고자 하느냐"라고 물으셨습니다. 이 질문은 예수님께서 환자의 형편을 모르거나 환자의 마음을 몰라서 질문하신 것이 아닙니다. 낫고 싶은 마음을 가지게 하는 일종의 자기 암시입니다. 낫고 싶은 마음을 불러일으키는 말씀입니다.

주님은 병자들에게 환자의 간절한 마음을 원하십니다. 낫고자 하는 마음은 예수님의 능력을 힘입기 위한 첫 번째 조건입니다. 환자의 입장에서 보면 엉뚱한 질문입니다. 일반 환자 같으면 자기를 조롱한다고 생각할 수 있습니다. 놀린다고도 생각할 수도 있습니다.

예수님은 기껏해야 33살입니다. 환자는 환자로 태어났어도 38살입니다. 그럼에도 환자를 보신 예수님이 "네가 낫고자 하느냐"라고 질문하신 이유가 있습니다. 38년이나 병으로 고생했으면 그의 눈에는 희망의 빛이 사라진 지 오래되었을 것입니다. 거동할 힘도 없었고 모든 것을 포기한 상태였을 것입니다.

예수님이 보실 때 베네스타 연못물보다 이 환자의 낫고자 하는 마음이 동해야 된다는 것입니다. 건강을 회복해야 한다는 소망이 있어야 한다는 것입니다. 네가 낫고자 하느냐는 말씀은 환자를 일깨우는 소중한 질문입니다. 가슴을 휘젓는 값진 질문입니다. 성령에 불을 붙이는 강력한 도전입니다.

성막 건축을 위해 이스라엘 백성들은 하나 되어 예물을 드렸습니다. 마음에 감동된 자와 자원하는 모든 자가 드렸습니다. 마음이 슬기로운, 마음에 원하는 자, 마음에 감동을 받아 다시 말씀드리면 하나님께서 우리에게 원하시는 것은 물질이나 예물이 아닌 진심이 담긴 우리의 마음을 원하십니다.

우리가 드리는 기도에 대해서도 "하나님께서 유의하시는 것은 얼마나 기도를 많이 하느냐"하는 기도의 산수가 아닙니다. 그렇다고 '얼마나 기도가 웅변적이냐'하는 기도의 수사도 아니며, '기도가 얼마나 긴가' 하는 기도의 길이도 아닙니다.

'우리의 목소리가 얼마나 아름다운가' 하는 기도의 음악도 아니며, '얼마나 논증적인가' 하는 기도의 논리도 아닙니다. 또 '얼마나 순서나 규모에 맞느냐' 하는 방법이나 '교리가 얼마나 옳은 것이냐' 하는 기도의 신학도 아닙니다. 다만, 기도하는 간절한 마음이 필요합니다.

마태복음 20장 33절을 보면 예수님은 소경에게도 "내가 능히 이 일을 할 줄 믿느냐"고 물으셨습니다. 갈급한 마음, 간절한 마음에 주님은 소원을 이루어 주셨습니다. "네가 낫고자 하느냐?"이 말씀은 환자의 간절한 마음을 확인하시는 질문입니다. 건강회복과 기도응답에도 간절한 마음이 필요하다는 것을 믿으시기 바랍니다.

2. 못에 넣어 줄 사람이 없어

7절을 보면 "병자가 대답하되 주여 물이 움직일 때에 나를 못에 넣어 주는 사람이 없어 내가 가는 동안에 다른 사람이 먼저 내려 가나이다"라고 하였습니다.

사람이 없는 시대를 우리는 살고 있습니다. 작년 3분기 우리나라 출생아 수는 69,105명으로 역대 최소 기록입니다. 작년 우리나라 인구는 5,192만 명, 2029년까지는 5,194 만 명으로 소폭 증가하다가 2030년이 되면 5,192만 명으로 감소하기 시작합니다. 그러다가 2044년이 되면 우리의 인구는 4천만대로 감소된다고 통계청은 발표하고 있습니다. 인구감소는 생산가능인구의 감소로 이어지며 부양해야 할 고령인구는 증대되어 사회적 부담이 증가됩니다.

그런데 본문에서 38년 된 병자는 자기를 못에 넣어 줄 사람이 없다고 절규하고 있습니다. 예수님께서 "네가 낫고자 하느냐"고 물으셨다면 "낫고 싶습니다. 고쳐주세요"라고 하면 될 것인데 물이 움직일 때 자기를 못에 넣어 줄 사람이 없다고 핑계를 대고 있습니다.

핑계를 대는 사람, 이유가 많은 사람은 소원을 이룰 수 없습니다. 핑계 없는 무덤이 없다고 하는 것처럼 못하는 사람, 안 하는 사람은 이유가 있습니다. 핑계가 있습니다.

그러나 못 할 수 있는 조건이 있고, 안 할 수 있는 이유가 있음에도 하는 사람은 하는 것입니다. 핑계가 많고 이유가 많은 사람은 불평도 많습니다. 원망도 잘합니다. 그래서 시편 37편 8절에서 이렇게 말씀합니다.

"분을 그치고 노를 버리며 불평하지 말라 오히려 악을 만들 뿐이라."

달란트 비유를 보면 다섯 달란트와 두 달란트를 받은 사람은 그것을 가지고 가서 장사하여 배로 남겼습니다. 그러나 한 달란트 받은 사람은 가서 땅을 파고 받은 것을 감추어 두었습니다. 그리고 마태복음 25장 24~25절을 보면 주인이 왔을 때 핑계를 대고 있습니다.

성도 여러분, 신앙인과 하나님의 자녀는 직분에 따라 열심히 봉사하시고 사명을 다하시기 바랍니다. 핑계를 늘어놓은 한 달란트 받은 사람은 되지 마시기를 바랍니다.

예수님께서 제자들을 부르실 때 거부하는 사람들도 핑계를 대고 있습니다. 장사 갔기 때문에, 밭을 샀기 때문에, 아버지가 돌아가셔서... 핑계를 대는 사람은 하나님을 따를 수 없습니다. 건강을 회복할 수도 없습니다. 삶의 우선순위, 선택의 우선순위는 예수님이십니다.

이 환자는 자신을 못에 넣어 줄 사람이 없다고 하는데 못에 들어갈 이유가 없습니다. 사람도 필요 없습니다. "네가 낫고자 하느냐"고 말씀하시는 분이 하나님이십니다. 전능하신 분이십니다. 오병이어 기적을 일으켰고, 맹인과 혈루 병자와 죽은 자도 살리신 전능하신 하나님이십니다.

"나를 못에 넣어 줄 사람"을 원문에서 보면 "나를 도와 줄 사람"입니다. 대부분 사람은 도움을 주어야 도움을 받게 됩니다. 그러나 예수님은 도와주시기를 기다리고 계십니다. 기도하면 들으시고 응답해 주십니다.

신약성경을 읽어보면 하나님 앞에 나왔던 수많은 사람이 예수님의 도움을 받았습니다.

병 고침을 받았습니다. 문제가 해결되었습니다. 죄사함도 받았습니다. 남이나 환경이나 조건을 탓하면 안 됩니다. 요나처럼 "나의 연고인 줄을 내가 아노라"(욘 1:12)는 자세가 중요합니다.

사람이 없는 것이 문제가 아닙니다. 주님이 계시면 문제 될 것 없습니다. 예수님은 만병의 의사십니다. 죽은 자도 살리신 예수님께 불가능은 없습니다. 질병으로 낙심하거나 절망 가운데 있다면 만병의 의사이신 예수님을 바라보시며 그분께 문제를 맡기시므로 해결 받으시길 축원합니다.

3. 일어나 네 자리를 들고 걸어가라

8절을 보면 "예수께서 이르시되 일어나 네 자리를 들고 걸어가라 하시니"라고 하였습니다.

"네가 낫고자 하느냐"라는 질문에 자기를 못에 넣어 줄 사람이 없다고 핑계를 대던 환자가 "일어나 네 자리를 들고 걸어가라"는 주님의 말씀에 "그 사람이 곧 나아서 자리를 들고 걸어가니라"고 9절에서 말씀합니다. 자기를 못에 넣어 줄 사람이 없다고 핑계를 대는 환자에게 예수님은 세 가지 명령을 하셨습니다.

① 일어나라
② 네 자리를 들라
③ 걸어가라

38년이나 병으로 고생했으니 이미 신경과 근육은 마비되었습니다. 그럼에도 주님의 명령에 순종하니 마비되었던 신경과 근육이 정상으로 발동하더니 사지에 힘이 생겼습니다. 벌떡 일어났습니다. 걸었습니다. 기적이 일어난 것입니다.

사람들은 자기 입장에서 생각하고 말하고 행동합니다. 그러나 기적을 체험하는 사람들은 주님의 입장에서 생각하고 말하고 행동합니다. 사람으로는 불가능해도 하나님의 말씀, 예수님의 말씀에 순종하면 가능하게 됩니다. 38년 된 병자가 예수님의 말씀을 듣고 일어났습니다. 자리를 들고 걸어갔습니다.

이것이 믿음입니다. 예수님께서 아무리 말씀하셔도 핑계를 대고, 순종하지 않았다면 기적은 일어나지 않았습니다. 의심과 불순종은 신앙생활과 문제해결의 방해요인입니다. 그러나 순종은 모든 문제의 열쇠입니다. 건강회복을 위해서는 주님의 말씀에 순종하는 것이 필수요소입니다.

갈릴리에서 가버나움은 34km나 되는 거리입니다. 34km를 올라와서 예수님께 죽게 된 자기 아들을 고쳐 달라고 청한 왕의 신하가 있습니다. 이때 예수님은 기사와 표적을 보고 믿는 믿음이 아니라 말씀을 받는 믿음을 요구하십니다.

그는 예수님께서 "가라 네 아들이 살았다"라고 하시자 아들이 보이지 않았지만, 예수님의 말씀을 믿고 집으로 돌아갔습니다. 그는 예수님의 말씀과 방법에 전적으로 순종했습니다. 집으로 돌아가는 길에서 종들을 만나 예수님께서 말씀하신 그날 그 시간에 아들이 치료되었다는 사실을 알게 되었습니다. 그 때 그 가정 전체가 예수님을 믿는 순진한 믿음을 얻게 되었습니다.

아무리 예수님이 말씀하셔도 믿음이 없거나 믿어도 순종하지 않는다면 역사는 나타나지 않습니다. 신앙생활 하면서 어떤 사람들은 업혀 다니려고 합니다. 그러나 주님은 일어나서 자리를 들고 걸어가라고 하십니다. 자립적인 신앙인이 되라고 하십니다.

나오라고 해야 오는 사람들이 있습니다. 봉사하라고 해야 하는 사람들이 있습니다. 예수님의 명령은 명령만 하신 것이 아니고 일어나고 걸을 수 있는 힘을 주시고 명령하셨습니다.

육신적인 질병으로 고생하고 계십니까? 주님께 순종하면 고침 받습니다. 문제가 해결됩니다. 육신의 건강을 회복하는 성도가 되시기를 축원합니다.

07

기도

"한나에게는 갑절을 주니 이는 그를 사랑함이라 그러나 여호와께서 그에게 임신하지 못하게 하시니 여호와께서 그에게 임신하지 못하게 하시므로 그의 적수인 브닌나가 그를 심히 격분하게 하여 괴롭게 하더라 매년 한나가 여호와의 집에 올라갈 때마다 남편이 그같이 하매 브닌나가 그를 격분시키므로 그가 울고 먹지 아니하니 그의 남편 엘가나가 그에게 이르되 한나여 어찌하여 울며 어찌하여 먹지 아니하며 어찌하여 그대의 마음이 슬프냐 내가 그대에게 열 아들보다 낫지 아니하냐 하니라 그들이 실로에서 먹고 마신 후에 한나가 일어나니 그 때에 제사장 엘리는 여호와의 전 문설주 곁 의자에 앉아 있었더라"(삼상 7:5~9).

요한계시록은 사도 요한이 하늘나라에 대한 환상을 보고 기록했는데 5장 8절을 보면 두루마리와 거문고와 금대접을 보았습니다. 두루마리는 말씀이고, 거문고는 찬양이고, 금대접에는 향이 담겨져 있습니다. 대접에 가득 담긴 향은 성도들이 올린 기도입니다.

성막의 성소에 세 가지 성물이 있는데 성소 오른쪽에는 떡상이 있고. 왼쪽에는 촛대가 있고, 중앙에는 분향단이 있습니다. 분향단의 향은 기도입니다. 신앙인이면 반드시 기도의 가치를 알아야 합니다. 기도는 하나님 앞에 올라가고, 하나님을 기쁘게 하고 기도는 하나님의 일입니다.

제주도에 가면 잠수복을 입고 바닷속을 탐험하는 스킨스쿠버들이 많습니다. 코로나19로 해외로 못 나가는 국내 다이버들이 제주도로 모여듭니다. 서귀포 앞바다에는 산호초들이 아름답다고 하지요. 서귀포 앞바다에 아름다운 산호초를 보려고 다이버들이 모여드는데 이들은 무엇보다 산소통을 소중하게 다룹니다. 그 이유는 깊은 바닷속에 오래 잠수하려면 산소통이 필요하고 산소통에 산소가 바닥난 것을 모르고 깊은 바닷속에 있다가는 생명을 잃게 됩니다.

생명줄 같은 산소통을 짊어지고 바닷속에 들어가는 다이버들을 볼 때마다 신앙인이라면 영적인 산소통을 등에 짊어지고 세상이라는 바닷속에서 살아간다는 사실을 생각하게 됩니다.

예수님은 바다같은 세상에서 영적 생명을 유지하며 살아가라고 기도하는 산소통을 선물해 주셨습니다. 그러므로 우리는 영적인 산소가 바닥나지 않도록 기도를 리필해야 합니다. 여러분에게는 영적인 산소가 충분합니까? 기도할 때 생기는 7가지

회복은 생명입니다(上)

능력이 있습니다.

① 하늘 보좌의 하나님과 소통할 수 있는 능력
② 하나님의 도움을 받는 능력
③ 사탄에 대항하여 이길 수 있는 능력
④ 나를 극복할 수 있는 능력
⑤ 성령의 도움을 받을 수 있는 능력
⑥ 산을 옮길 수 있는 능력
⑦ 삶에 기쁨을 넘치게 하는 능력

베트남의 보응우옌잡 장군은 20세기 최고의 군사 전략가 가운데 한 사람입니다. 베트남은 경제력이나 군사력은 강한 나라가 아님에도 세계 최강의 나라들과의 전쟁에서 승리했습니다.

1946년부터 1954년까지 8년에 걸쳐 인도차이나 전쟁에서 프랑스를 쫓아냈습니다. 1975년에는 미국을, 1979년에는 중국을 물리쳤습니다. 이런 전쟁에서 승리를 이끈 주인공은 '보응우옌잡' 장군입니다. 붉은 나폴레옹이라고 불리고 있습니다.

이 사람은 교사 출신입니다. 단 한 차례도 군사훈련을 제대로 받아 본 적이 없지만 알렉산더 대왕부터 손자에게 이르기까지 수많은 병법을 공부하고 이를 실전에 적용했습니다. 그의 전략의 핵심은 '三不'정책입니다

첫째, 적이 원하는 시간에 싸우지 않고,

둘째, 적이 원하는 장소에서 싸우지 않고,

셋째, 적이 생각하는 방법으로 싸우지 않는 것입니다.

미국과 전쟁할 때 군사력이나 무기체계로 보면 패할 수밖에 없는 전쟁이었지만 승리한 것은 상대방이 생각지도 못한 방법을 사용했기 때문이라고 합니다. 절대무기인 전투기의 공습을 피하기 위해 255km의 땅굴을 파 무기와 병사들을 이동시켰습니다. 미군이 최첨단 무기를 총동원해서 공격할 때 그는 이렇게 말했습니다.

"당신들은 당신들 식으로 싸워라. 우리는 우리식으로 싸운다."

다윗이 골리앗과 싸워서 승리할 때 모습이 연상되는 전략입니다. 다윗은 무거운 갑옷을 입고 큰 칼과 방패를 가진 골리앗을 대항하여 돌팔매를 들고 나갔습니다. 게임의 규칙, 전쟁의 전략을 바꾸어 버린 것입니다. 하찮은 돌팔매가 무서운 무기, 승리의 결정 도구가 되었습니다.

온 세계가 코로나와 싸우고 있습니다. 의학자들은 연구와 백신 개발로 싸우고 있지만, 신앙인인 우리는 믿음과 기도의 방법을 사용해야 합니다. 사람들이 하는 일에는 결과가 있고, 열매가 있지만 기도보다 효과적인 방법, 기도보다 더 큰 능력이 나타날 것은 없습니다.

그래서 신실한 신앙인들은 기도라는 방법을 사용합니다. 우리가 회복해야 될 '기도의 회복'이라는 제목으로 말씀드릴 때 은혜받으시고 기도의 열정과 믿음을 회복하시기를 축원합니다. 그렇다면 어떻게 기도해야 할까요?

1. 우리가 여호와께 범죄하였나이다

6절을 보면 "그들이 미스바에 모여 물을 길어 여호와 앞에 붓고 그날 종일 금식하고 거기에서 이르되 우리가 여호와께 범죄하였나이다 하니라 사무엘이 미스바에서 이스라엘 자손을 다스리니라"고 하였습니다.

사무엘은 이스라엘 백성들을 미스바에 모이게 해서 죄를 고백하도록 했습니다. "우리가 여호와께 범죄하였나이다." 이 말은 회개의 기도입니다. 모든 인간은 죄인입니다. 죄는 관계를 깨뜨립니다. 하나님과의 관계, 사람과의 관계를 무너지게 하는 것이 죄입니다.

무너진 관계, 깨어진 관계를 회복하는 것은 회개입니다. 회개하면 어떤 죄라도 용서받습니다. 기도는 많이 하는 것도 필요합니다. 열심히 하는 것도 중요합니다. 그러나 먼저 해야 하는 기도는 회개입니다.

회개는 '회'하고 '개'하는 것입니다. 잘못한 것을 깨닫고 고치는 것이 회개입니다. 회개는 몸에 있는 암덩어리를 발견했다면 수술하는 것과 같습니다. 죄는 관계를 무너뜨리고, 회개는 관계를 푸는 것입니다. 회복하는 것입니다.

코로나 전염병 속에서 우리는 무엇보다 회개하며 기도해야 합니다. 어떤 분은 이렇게 기도했습니다.

"하나님, 우리가 얼마나 많은 거짓과 막말을 했으면 입을 마스크로 다 틀어막고 살라 하십니까! 우리가 얼마나 서로 다투고 싸우며 시기하고 사랑을 안 했으면 서로를 다 거리 둬 살라고 하십니까! 우리가 얼마나 죄를 짓고 손으로 나쁜 짓을 했으면 어디 가나 소독제와 물로 다 씻게 하십니까! 이제 입도 함부로 놀리지 않고 손으로 나쁜 짓하지 않고 서로 사랑하며 열심히 살겠습니다."

오래전에 아프리카 콩고의 한 마을 전체가 예수님을 영접하는 일이 생겼습니다. 이 일은 선교사의 사역 때문이 아니고 두 여인과 한 남자의 진실한 회개 때문이었습니다. 어느 날 기도하는 가운데 두 여인이 성령님께 붙들려 자기의 삶을 돌아보

　　　　　　　　　　회복은 생명입니다(上)

기 시작했습니다.

이 가운데 한 여인은 교회에 바쳐진 쌀을 한 자루 가져간 것이 마음에 걸려 그것을 교회로 가지고 와서 교인들 앞에서 고백했습니다. "이 쌀은 교회에서 쓰여야 할 것인데 제가 쓰려고 저의 집에 갔다 놓았다가 가져왔으니, 저를 용서해 주세요."

그러자 다른 여인은 "저는 남의 집에서 일을 하는데 그 집 계란을 한 개 주인에게 말하지 않고 가져온 적이 있습니다"라고 회개했습니다.

이어서 한 남자가 나와서 고백했습니다. "저는 어떤 선교사와 교제하면서 선교사의 집에 갔다가 선교사에게 말하지 않고 책을 몰래 한 권 가지고 왔습니다. 제가 그 책을 돌려드리며 회개하기 원합니다."

자기의 잘못은 고백하고 회개하는 일로 인해 온 동네에 회개의 역사가 일어났고 그 동네 사람들이 다 회개하므로 놀라운 부흥의 역사가 일어났습니다.

초대교회 때 베드로의 설교를 듣고 회개의 역사로 말미암아 하루에 삼천 명, 혹은 오천 명까지 회개하는 역사가 일어났습니다. 예수께서 세상에 오신 이유가 죄의 문제를 해결하기 위해서입니다. 무엇보다 회개하며 기도하시기 바랍니다.

2. 쉬지 말고 부르짖어

8절을 보면 "이스라엘 자손이 사무엘에게 이르되 당신은 우리를 위하여 우리 하나님 여호와께 쉬지 말고 부르짖어 우리를 블레셋 사람들의 손에서 구원하시게 하소서 하니"라고 했습니다.

기도로 자신을 돌아보고 회개해야 합니다. 그리고 쉬지 말고 기도해야 합니다. 쉬지말고 기도해야 할 이유가 있습니다.

① 호흡이기 때문입니다.

바울은 데살로니가교회에 편지하면서 "쉬지 말고 기도하라"(살전 5:17)고 했습니다.

또한 불의한 재판장의 비유에서 재판장은 "이 과부가 번거롭게 하니 내가 그 원한을 풀어 주리라"(눅 18:5)고 했습니다. 여기서 재판장은 하나님을 상징합니다.

기도하다가 쉽게 포기하는 사람들이 많습니다. 그러나 진정한 기도란 쉬지 않고 기도하고, 부르짖어 기도하는 것입니다. 호흡은 멈추어도 안 되고, 밥을 먹거나 말을 하거나 노래하면서도 중단하면 안 됩니다. 마찬가지입니다. 기쁠 때나, 슬플 때나, 일할 때나 쉴 때도, 기도해야 합니다. 길을 가면서도 기도하고 운전하면서도 기도해야 합니다.

기도하는 사람과 기도하지 않는 사람은 얼굴빛이 다릅니다.

기도하는 얼굴에는 기쁨과 감사와 평화가 있습니다. 기도는 호흡이기에 쉬지 말고 기도해야 합니다.

② 마귀를 대적하기 위해서입니다.

마귀는 밤과 낮이 없습니다. 우리를 속이고 넘어뜨리고 공격하기 위해 불철주야 쉬지 않고 활동합니다. 우리가 잘 때 마귀도 자고, 우리가 쉴 때 마귀도 쉬면 좋겠는데 아닙니다. 쉬지 않고 돌아다닙니다. 그래서 베드로전서 5장 8절을 보면 이렇게 말씀합니다.

"근신하라 깨어라 너희 대적 마귀가 우는 사자같이 두루 다니며 삼킬자를 찾나니."

마귀의 전략은 이것입니다. 사람마다 가지고 있는 약점을 이용합니다. 그러므로 마귀를 대적하기 위해서는 기도로 완전무장을 해야 합니다. 기도하면 마귀를 이길 수 있습니다.

성도 여러분, 개인기도 시간이 있습니까? 특별기도를 하십니까? 새벽기도가 있으십니까? 기도를 회복하시기 바랍니다. 기도가 중단되었다면 영적으로 죽었거나 죽어가고 있는 것입니다.

루빈스타인이라는 세계적인 피아니스트는 연습벌레로 알려

진 사람입니다. 어느 날 친구가 물었습니다. "자네 같은 명연주자는 그렇게 열심히 연습하지 않아도 될 것이 아닌가?" 그때 루빈스타인은 유명한 말을 남겼습니다. "내가 하루를 연습하지 않으면 나 자신이 그 사실을 느끼게 되고, 이틀을 연습하지 않으면 나의 친구들이 알게 되고, 사흘을 연습하지 않으면 수많은 청중이 알게 된다."

이것은 피아노만 그런 것이 아닙니다. 기도에도 적용되는 것입니다. 하루를 기도하지 아니하면 자신이 알고, 이틀을 기도하지 아니하면 주변의 친구들이나 가족들이 알게 될 것이고, 일주일을 기도 없이 지낸다면 다른 사람들이 나에게 일어난 변화를 인식하게 될 것입니다.

가이드 포스트에 '기도의 힘'이라는 제목으로 소개된 이야기입니다. 캐나다 시골 농장에 사는 라이언(Ryan)이라는 소년과 그의 가족에게 일어난 일화입니다. 라이언은 자기의 "아이스 링크"를 갖는 것이 기도제목이었습니다. 두 달간이나 매일 밤 기도하고 있습니다. "하나님 제발 저 만의 아이스 링크를 주세요." 라이언은 하키를 좋아하지만 자기 집에서 제일 가까운 아이스 링크가 40km나 떨어진 곳에 있어서 하키를 할 수 없었습니다.

이것을 알고 라이언의 부모님도 함께 기도했습니다. "제발 이일로 아이의 마음이 다치지 않도록 도와 주세요." 그러나 날이

갈수록 날씨는 따뜻해졌습니다. 쌓여 있던 눈이 다 녹아 마당이 진흙탕으로 변했습니다. 그날 밤 한랭전선이 들이 닥쳐 바람이 사납게 불었고 녹았던 눈이 물웅덩이가 되었고 이것이 다 얼어 그토록 원했던 "아이스 링크"만한 크기가 되었습니다. 2006년 가이드 포스트 2월에 실린 기사입니다.

기도하면 하나님께서 들어주시고 응답해 주십니다. 아직도 해결되지 못한 문제가 있으십니까? 부르짖어 기도하시기 바랍니다.

3. 여호와께서 응답하셨더라

9절을 보면 "사무엘이 젖 먹는 어린 양 하나를 가져다가 온전한 번제를 여호와께 드리고 이스라엘을 위하여 여호와께 부르짖으매 여호와께서 응답하셨더라"고 하였습니다.

폴 마이어(Paul Meyer)라는 미국의 기업인은 보험회사 면접에서 57번이나 떨어졌던 사람인데 그는 이런 말을 했습니다. "인생의 가장 큰 비극은 응답 없는 기도가 아니라 기도하지 않는 것이다."

성도 여러분, 환경이나 처지가 문제가 아닙니다. 기도하지 않는 것이 문제입니다. 성공한 사람들은 기도했고 실패한 사람들은 기도하지 않았습니다. 그래서 미국의 침례교의 정신적인

지주인 저드슨 목사님은 기도에 대해서 이런 말을 했습니다.

"당신이 가진 모든 것을 다 도둑맞더라도 목숨을 걸고서라도 지켜야 하는 한 가지가 있다. 그것은 바로 하나님을 향한 기도 시간이다."

루터는 아무리 바빠도 하루에 세 시간을 기도하려고 힘을 썼습니다. 일이 바빠서 기도가 힘들 때는 오히려 더 많이 기도하려고 했습니다. 요한 웨슬레는 자신의 경건 훈련을 위해 매일 새벽 4시에 일어나서 2시간 이상씩 기도했습니다.

마가복음 9장 29절을 보면 예수님은 "기도 외에 다른 것으로는 이런 종류가 나갈 수 없느니라"고 하셨습니다. 자녀들이 아빠 엄마를 부르면 부모는 대답합니다. 아기들은 부르지 않아도 아기가 어떤가 하고 부모는 지켜보고 있습니다.

우리가 기도해야 하나님은 아시고 보시는 것이 아닙니다. 우리가 부르지 않고 기도 안 해도 하나님은 우리를 다 알고 계시고 보고 계십니다. 그렇다면 우리가 기도하면 얼마나 잘 응답하시겠습니까? 기도하되 응답하실 것을 믿고 기도하시기 바랍니다.

기도 응답이 없는 이유는 두 가지입니다. 기도하지 않았거나 잘못 기도했기 때문입니다.

회복은 생명입니다(上)

"너는 내게 부르짖으라 내가 네게 응답하겠고 네가 알지 못하는 크고 은밀한 일을 네게 보이리라"(렘 33:3).

히스기야의 기도도 하나님께 열납되었습니다. 선지자에게 죽고 살지 못한다는 하나님의 말씀을 전달받고 히스기야 왕은 통곡하며 부르짖어 기도하자 즉시 응답이 왔습니다.

"네 기도를 들었고 네 눈물을 보았노라 내가 너를 낫게 하리니 네가 3일 만에 여호와의 성전에 올라가겠고 내가 네 날에 15년을 더할 것이며 내가 너와 이 성을 앗수르 왕의 손에서 구원하고 내가 나를 위하고 또 내 종 다윗을 위하므로 이 성을 보호하리라 하셨다 하라"(왕하 20:5~6).

성도 여러분, 기도로 깨어 있습니까? 아니면 기도의 잠을 자고 있는 것은 아닙니까?

기도를 회복하셔서 화가 날 때도 기도하고 쉬지 말고 부르짖어 기도하고 응답을 받고 기도하는 성도가 되시기를 축원합니다.

08

감정

> "대답하여 이르되 네 마음을 다하며 목숨을 다하며 힘을 다하며 뜻을 다하여 주 너의 하나님을 사랑하고 또한 네 이웃을 네 자신 같이 사랑하라 하였나이다 예수께서 이르시되 네 대답이 옳도다 이를 행하라 그러면 살리라 하시니 그 사람이 자기를 옳게 보이려고 예수께 여짜오되 그러면 내 이웃이 누구니이까 예수께서 대답하여 이르시되 어떤 사람이 예루살렘에서 여리고로 내려가다가 강도를 만나매 강도들이 그 옷을 벗기고 때려 거의 죽은 것을 버리고 갔더라"(눅 10:27~30).

1900년대는 인간을 지식과 도덕과 신체 즉, 지덕체로 구분하고 이해했습니다. 그러나 1910년 이후에 새로운 인식체계를 세웠습니다. 인간의 정신은 지정의 세 가지 능력으로 구분했습니다.

이광수를 비롯한 일본 유학파들은 이것을 폭넓게 수용했고, 이광수는 '지정의'라는 심리학적 삼분법을 문학의 가치로 세

회복은 생명입니다(上)

왔습니다. 특히 감정이란 인간의 정신을 이루는 두 가지 중심축 가운데 하나입니다. 인간의 감정은 세 종류로 존재합니다.

① 동물적 감정
동물적 감정은 추위와 더위, 목마름, 배고픔 같은 것인데 동물적 욕망과 마음에 해당하는 부분을 말합니다.

② 인간적 감정
행복, 기쁨, 우울, 슬픔, 싫음, 짜증, 화 같은 것인데 이것은 자기 자신을 대상으로 하는 감정만이 아니고 외부적인 특정 대상을 행하기도 하는데 이것은 인간적인 감정이라고 합니다.

③ 예술적인 감정
자연의 모든 것과 세상의 모든 요소는 저마다 독특한 느낌과 정서와 기분을 가집니다. 예술가와 문학가들이 이런 자연의 예술적인 감정들과 가깝게 관계합니다.

감정은 반드시 조절이 필요합니다. 감정 조절에 실패는 범죄로 이어지고 사회문제로 발전합니다. 요즘도 가끔 유치원 같은 곳에서 원아들을 학대하는 교사들이 문제가 되고 있습니다. 심지어는 자식들을 과하게 체벌해서 생명을 손상시키는 일들이 발생하고 있습니다. 이것은 감정 조절에 대한 문제입니다.

2017년 6월 16일 충주에서 50대 인터넷 수리기사가 살해되었습니다. 이유는 인터넷 속도가 느리다고 일면식도 없는 수리기사에게 흉기를 휘두른 것입니다.

이것보다 앞선 사건은 경남 양산에서도 음악이 시끄럽다는 이유로 아파트 외벽 보수작업을 하던 작업자의 밧줄을 절단해 버렸습니다. 자신의 감정을 제어하지 못해 일어난 범죄입니다.

어떤 목사님이 분노에 대해서 설교했습니다. 예배가 끝나자, 한 권사님이 목사님께 다가와 자기 성격이 너무 급해서 고민이라며 목사님께 자기 문제를 고백했습니다. "목사님, 저는 작은 일에 가끔 폭발하지만, 뒤끝이 없습니다. 그래서 금방 풀어버립니다. 마음에 두고 꿍하지는 않습니다. 일 분도 안 걸려 그 자리에서 툭툭 털어 버립니다."

그러자 목사님은 그 권사님의 눈을 들여다보면서 정중하게 말했습니다. "권사님, 권총도 그래요. 한방이면 끝납니다. 그러나 한 방만 쏘아도 그 결과는 엄청납니다. 다 박살 납니다."

독일의 정치가 아돌프 히틀러(Adolf Hitler)가 제2차 세계대전에서 패망한 근본적인 이유는 그의 분노 때문입니다. 히틀러는 머리가 명석합니다. 예리한 판단력과 비상한 통찰력과 관찰력이 뛰어난 사람입니다. 그럼에도 어쩌나 화를 잘 내는지 자기의 비위를 조금만 거슬러도 미움과 분노가 넘쳐나기 때문에 부하들이 제대로 보고를 하지 못 했다고 합니다.

그는 영국과 프랑스 등 자유진영과 힘겨운 전쟁을 하면서도 일시적인 분노로 말미암아 주력 부대를 빼돌려 소련을 침공하였는데 이것이 그의 일생에서 돌이킬 수 없는 실수가 되고 말았습니다.

연합군이 노르망디 상륙작전을 개시했을 때 히틀러는 잠을 자고 있었는데 평소 히틀러는 부관에게 잠을 자고 있을 때는 깨우지 말라고 명령했기 때문에 부하들은 연합군이 노르망디 상륙작전을 감행했을 때 소련군의 기갑사단만 그쪽으로 돌린다면 상륙을 저지할 수 있음을 알면서도 잠든 히틀러를 깨우지 못하고 발만 구르고 있었습니다. 히틀러가 한참 잠을 자고 일어났을 때는 이미 연합군이 노르망디에 완전히 상륙하여 진지를 구축한 뒤였고 이에 따라 독일은 패망하게 되었습니다. 그래서 잠언 16장 32절에서 이렇게 말씀합니다.

"노하기를 더디하는 자는 용사보다 낫고 자기의 마음을 다스리는 자는 성을 빼앗는 자보다 나으니라."

감정을 다스리지 못하면 잃는 것이 많습니다. 동시에 감정을 잘 조절하면 얻는 것이 많습니다. 감정을 조절 못 하면 어떤 결과를 초래할까요?

① 화를 내면 건강을 해칩니다. 화를 내면 뇌 속에서 해로운 물질이 분비됩니다. 그래서 화를 끝까지 내는 것은 독극물을 조금씩 마시는 것과 같다고 합니다.

② 노화를 촉진시킵니다. 분노는 활성산소를 생성시킵니다. 활성산소는 호흡을 통해서 몸 안으로 들어간 산소가 변화한 것인데 이것이 노화 촉진인자라고 합니다.

③ 분노할 때는 감정을 통제할 수 없어서 인생을 파괴할 수도 있습니다.

④ 분노는 대체로 즐겁지 않습니다. "넌 바보야!"라는 말을 듣거든 "아, 그래? 충고해 줘서 고마워"라고 감사해야 합니다. 이렇게 하면 뇌 속에서 해감 물질이 나온다고 합니다.

1. 강도들이 옷을 벗기고 때려 거의 죽은 것을 보고

30절을 보면 "예수께서 대답하여 이르시되 어떤 사람이 예루살렘에서 여리고로 내려가다가 강도를 만나매 강도들이 그 옷을 벗기고 때려 거의 죽은 것을 버리고 갔더라"고 하였습니다.

예루살렘에서 여리고까지는 약 30km입니다. 그런데 예루살렘은 해발 800m이고, 여리고는 해발 마이너스 400m입니다. 그러므로 예루살렘에서 여리고는 가까운 거리지만 표고차가 1,200m이니까 이 길은 급경사입니다. 좁은 길이며 구불구불

회복은 생명입니다(上)

하기 때문에 강도들이 숨어 있다가 습격하기 좋은 환경입니다.

성경을 최초로 라틴어로 번역한 제롬이라는 학자는 예루살렘에서 여리고로 가는 길을 '붉은 길' 혹은 '피의 길'이라고 불렀습니다. 19세기에는 이 길을 안전하게 여행하려면 그 지방 족장에게 보증금을 지불해야 했습니다.

1930년에는 이 길에 강도떼가 숨어 있다가 갑자기 뛰쳐나와 차를 세우고 여행자나 관광객의 물건을 강탈해서 경찰이 오기 전에 산으로 도주하기에 해가 지기 전에 지나가라고 충고했기 때문에 예수님의 비유를 사람들은 사실감을 가지고 들었을 것입니다.

강도는 예루살렘에서 여리고로 내려가는 곳에만 있는 것이 아닙니다. 21세기는 최첨단의 과학이 발전한 시대입니다. 국방이나 의술이나 모든 면에서 최첨단을 걷고 있는 시대지만 아직도 세월은 험악합니다.

우리가 가는 길에는 생명을 노리는 강도들이 있습니다. 강도들은 재산과 건강과 모든 것을 노리고 있습니다. 영적으로 보면 강도는 사탄과 마귀입니다. 이들은 인간의 영혼을 멸망으로 빠뜨리려고 노리는 불한당 같습니다.

신앙인들은 생명과 건강과 재산도 빼앗기지 않도록 조심해야 하지만 영혼을 노리는 사탄과 마귀를 주의해야 합니다. 사탄과 마귀는 영혼의 강도입니다. 강도는 피도, 눈물도 없습니다. 상대방을 짓밟고 심지어는 죽여 버리기도 합니다. 이런 존재는 없어야 합니다.

예수 믿는 우리는 절대로 강도같이 남에게 손해를 끼치면 안됩니다. 남을 해롭게 하면 안 됩니다. 강도같이 없어야 될 존재가 아니라 남에게 유익을 주고 덕을 끼치고 남에게 소망을 주고 영혼을 살리는 존재로 사시길 축원합니다.

2. 그를 보고 피하여 지나가고

31~32절을 보면 "마침 한 제사장이 그 길로 내려가다가 그를 보고 피하여 지나가고 또 이와 같이 한 레위인도 그 곳에 이르러 그를 보고 피하여 지나가되"라고 하였습니다.

강도는 예루살렘에서 여리고로 내려가는 사람의 옷을 벗기고 때려 거의 죽은 것을 버리고 갔고, 제사장과 레위인은 강도 만난 사람을 보았지만 피하여 지나갔습니다.

강도 만난 사람, 위기에 처한 사람을 보면 불쌍히 여기고 도와주는 것은 당연합니다. 그럼에도 제사장과 레위인은 보았지만 그냥 피하여 지나갔습니다. 이렇게 한 것은 이유가 있을 것입니다.

민수기 19장 11절을 보면 죽은 사람을 만지면 7일 동안 불결하다고 했으니, 죽은 사람을 만지면 성전에 들어가서 해야 할 직무를 수행하지 못한다는 것을 생각했을 것입니다.

제사장은 말로는 이웃을 사랑하라고 가르쳤지만 이웃 사랑을 실천하지는 못했습니다. 제사장은 사랑의 의무보다 형식적인 의무를 우선시한 사람입니다. 레위인은 강도들이 한 사람의 물건을 빼앗고 다른 사람들이 지나가기를 숨어서 기다리고 있다고 생각하고 지나갔을 수도 있다고 생각했을 것입니다.

또한 당시에는 강도들은 사람들이 오는 것을 보면 그 가운데 하나가 자기가 강도 만난 사람인 것처럼 쓰러져 신음하고 있다가 사람들이 동정심을 보이고 그를 도와주려고 나귀에서 내려 가까이 오면 기습하기도 했습니다. 분명한 것은 나도 강도 만난 사람 꼴이 될 수 있다는 생각을 했을 것입니다.

그래서 위험을 무릅쓰고 강도 만난 사람을 도와주어야 한다고 생각하기 보다는 내가 안전해야 된다는 생각을 먼저하고 신속히 가버린 것입니다. 분명한 것은 제사장과 레위인은 선을 알고도 행하지 않은 자들입니다. 이런 사람은 있으나 마나 한 존재입니다. 행함이 없는 사람들입니다.

야고보서 2장 26절을 보면 "영혼 없는 몸이 죽은 것 같이 행함이 없는 믿음은 죽은 것이니라"고 했습니다. 믿음이 있다고, 믿는다고 말하지만 실제로 행함이 없는 믿음은 자기를 구원하지 못한다고 성경은 가르치고 있습니다.

행함으로 증명되지 않는 믿음은 참믿음이 아닙니다. 이런 믿음은 죽은 믿음입니다. 이런 믿음으로는 아무런 능력을 행할 수 없습니다. 야고보 사도는 행함이 없는 믿음을 두 가지로 소개하고 있습니다.

① 가난한 형제 자매에게 쓸 것을 주지 않는 믿음(약 2:15~17)

입을 것과 먹을 것이 없는 사람에게 옷과 음식을 주지 않으면서 "덥게 하라. 배부르게 하라"는 말을 해도 아무런 소용이 없는 것입니다. 말이 아닙니다. 참된 신앙인이라면 추워서 떨고 있는 사람에게는 옷을 주고, 먹을 것이 없어서 배고파하는 사람에게는 자기가 먹을 것이라도 나누어 먹는 실천이 있어야 한다는 것입니다.

② 귀신의 믿음

야고보서 2장 19~20을 보면 귀신의 믿음도 행함이 없는 믿음이라는 것입니다. 귀신의 믿음은 머리로만 알고 있을 뿐 하나님과 예수님께 순종하지 않고 대적한다면 이것도 믿음이라고 할 수 없습니다. 행함이 없는 믿음, 귀신같은 믿음은 절대로 구원을 얻을 수 없습니다.

그러면서 야고보 사도는 행함이 있는 믿음으로 아브라함의 믿음과 기생 라합의 믿음을 소개하고 있습니다. 수영하는 방법을 이론적으로 수없이 배우고 수영의 종류에 따라 각각 박사학위를 받아도 물속에 들어가서 수영을 할 수 없다면 수영박사의 지식은 의미 없는 무능한 지식이 되는 것입니다. 차라리 두뇌가 딸리지만 물가에 사는 시골 소년이 특별한 수영 지식이 없어도 훨씬 수영을 잘합니다.

성경을 읽고, 듣고, 암송하고 성경에 대한 박사학위를 여러 개 받았다고 해도 성경말씀대로 내 삶 속에서 살지 않는다면 아무런 소용이 없습니다. 행함이 없는 지식에만 머무르는 믿음은 아무 능력이 없는 죽은 믿음입니다.

제사장과 레위인은 요즘 말로 하면 목사와 신학교 교수입니다. 이들은 강도 만난 사람을 도와주어야 한다는 것, 이웃을 사랑해야 한다는 것을 알면서도 피하여 지나갔습니다. 도와주지 않았습니다. 이런 사람은 있으나 마나 한 사람들입니다.

3. 그를 불쌍히 여겨 기름과 포도주를 그 상처에 붓고

33~34절을 보면 "어떤 사마리아 사람은 여행하는 중 거기 이르러 그를 보고 불쌍히 여겨 가까이 가서 기름과 포도주를 그 상처에 붓고 싸매고 자기 짐승에 태워 주막으로 데리고 가서 돌보아 주니라"고 하였습니다.

사마리아인들은 유대인들에게 못 되고 나쁜 사람이라고 간

주되고 있었습니다. 그래서 유대인들은 사마리아인들과는 거래하지 않았습니다. 요한복음 8장 48절을 보면 유대인들이 예수님에게 "우리가 너를 사마리아 사람이라 또는 귀신이 들렸다 하는 말이 옳지 아니하냐"라고 하였는데 유대인들이 사마리아인이 미워서 붙여 준 이름이 "사마리아 사람 혹은 귀신 들린 사람"이라는 말이었습니다.

그러므로 유대인들이 사마리아 사람을 얼마나 싫어하고 미워했는지 알 수 있습니다. 그런데 예수님은 사마리아 사람이 너무 좋은 사람이라고 말씀하셨습니다. 강도 만난 사람을 도와주었다는 것입니다. 강도 만난 자의 이웃이라는 것입니다.

제사장과 레위인도 강도 만나 사람을 보고 자기 생각만 하고 위험한 상황을 벗어나는 데만 주력했지만, 사마리아 사람은 위험을 무릅쓰고 강도 만난 사람을 도와주는 일에 주력했습니다.

쓰러진 사람에게 찾아가서 자기의 기름을 그 몸에 붓고 싸매어 주고 그를 자기 나귀에 태우고 자기는 나귀를 끌고 그 위험한 길을 거슬러 내려와 마을까지 가는 희생의 수고를 했으며, 하룻밤을 그의 곁에서 간호해 주었으며 다음 날은 자기 일 때문에 떠나면서 그 사람의 치료비를 다 주면서 여관 주인에게 정성껏 치료해 주라고 당부했습니다. 만약 치료비가 더 든다면 다음에 와서 꼭 갚아 주겠다고 약속합니다.

사마리아 사람은 인종적으로 차별받는 사람이지만 누가 뭐래도 사람구실을 하고 있는 사람입니다. 사마리아 사람은 율법도 모르고 유대인 행동도 지키지 못했다는 이유로 개 같은 사람 취급을 받았지만 자기가 해야 할 일이 무엇인지, 아는 사람이었습니다. 다시 말씀드리면 사람다운 사람이었다는 것입니다.

여러분, 어떤 사람이 사람다운 사람일까요? 많이 배운 사람일까요? 많이 가진 사람일까요? 지도적인 위치에 있는 사람일까요? 아닙니다. 사람다운 사람은 사람 구실을 하는 사람, 남을 돕는 사람입니다.

선한 사마리아인 법을 아십니까? 구조해 주어야 될 상황인데도 불구하고 구조해 주지 않았을 때 죄를 묻는 법입니다. 본문 말씀을 따라 미국과 캐나다에서 시행되는 법입니다. 일반인의 적극적인 구조 행위를 장려하기 위해서 자신에게 피해가 없음을 인식하고도 구조 행위를 의도적으로 회피하는 사람들을 처벌하는 법이 선한 사마리아인 법입니다.

선한 사마리아인은 꼭 필요한 사람입니다. 사랑의 실천자이며 책임 완수자입니다. 강도 같은 사람이나 제사장이나 레위인 같은 사람 되지 않고 사마리아인 같은 감정을 회복하고 사는 성도들이 되시길 축원합니다.

09

권위

"그들이 가버나움에 들어가니라 예수께서 곧 안식일에 회당에 들어가 가르치시매 뭇 사람이 그의 교훈에 놀라니 이는 그가 가르치시는 것이 권위 있는 자와 같고 서기관들과 같지 아니함일러라 마침 그들의 회당에 더러운 귀신 들린 사람이 있어 소리 질러 이르되 나사렛 예수여 우리가 당신과 무슨 상관이 있나이까 우리를 멸하러 왔나이까 나는 당신이 누구인 줄 아노니 하나님의 거룩한 자니이다 예수께서 꾸짖어 이르시되 잠잠하고 그 사람에게서 나오라 하시니 더러운 귀신이 그 사람에게 경련을 일으키고 큰 소리를 지르며 나오는지라 다 놀라 서로 물어 이르되 이는 어찜이냐 권위 있는 새 교훈이로다 더러운 귀신들에게 명한즉 순종하는도다 하더라 예수의 소문이 곧 온 갈릴리 사방에 퍼지더라"(막 1:21~28).

못 배운 시어머니가 서울에 최고 명문대학교를 나온 며느리를 맞이했습니다. 그런데 문제가 생겼습니다. 시어머니가 일을 시키면 대꾸를 합니다.

회복은 생명입니다(上)

"어머니, 그건 이치나 상식에 맞지 않아요. 그건 위생적으로 안 맞아요."

그럴 때마다 시어머니는 권위로 눌렀답니다. "뭐가 안 맞아? 그냥 해!" 그래서 항상 갈등이 끊이지 않았습니다. 하루는 시어머니와 다투고 너무 속이 상해서 친구 집에 갔는데 친구는 시어머니가 "얘야, 이래라"라고 말하면 이치에 맞지 않아도 "예, 알았습니다"라고 무조건 순종하는 것입니다.

그래서 친구에게 "야, 너는 주관도 없냐? 어떻게 말도 안 되는 소리에도 '예, 알았어요'라고 하니?" 그러자 친구가 이렇게 대답했습니다.

"이치에 맞아서가 아니라 어머님께 순종하는 것을 하늘의 이치로 알고 순종하는 거야."

친구가 위대해 보이고 20년 전에 학교에서 놀던 때와는 얼굴빛부터 전혀 달라서 또 말했습니다.

"너, 언제부터 하늘이 이치라는 말을 썼니?"

친구가 말했습니다. "나 요즘 교회 다녀."

그 말을 듣고 그녀는 감탄했습니다.

"교회 다니면 사람이 이렇게 달라지는구나!"

친구를 보면서 초등학교도 못 나온 시어머니와 항상 싸우는 자신이 너무 초라하게 생각되었습니다. 친구는 "예!"하고 시어머님 말씀에 순종해서 시어머니 위에 올라가 있었습니다. 시어머니를 하늘처럼 받드니까, 자신도 하늘처럼 존귀해진 것입니다. 결국, 친구의 모습을 보고 그녀도 교회를 다니면서 그때부터 시어머니를 어머니처럼 모시고 행복하게 살았다고 합니다.

권위라고 하는 것은 큰소리친다고 생기는 것이 아닙니다. 많이 배웠다고 인정받는 것도 아닙니다. 높은 자리에 앉는다고 권위가 생기는 것은 아닙니다.

1984년 미국 로스앤젤레스 올림픽 기획을 맡았던 사람이 피터 유베로드(Peter Uberroth)인데 그는 권위에 대해서 이런 말을 했습니다.

"권위의 80%는 노력으로 얻는 것이지만 20%는 그저 주어지는 것이다."

권위란 무엇일까요? 한자에서 권세 '권' 자를 보면 황새가 높은 나무에 앉아 있는 의젓한 자세입니다. 위엄 '위' 자는 집안에서 큰 개가 짖듯이 큰 소리로 무섭게 보이는 여자를 의미합니다.

오늘 설교 제목이 권위 회복입니다. 그렇다면 우리는 먼저 하나님의 권위를 회복시켜 드려야 합니다. 공동체의 지도력도 회복해야 합니다. 가정과 교회의 권위도 회복해야 합니다.

2021년 현대를 가리켜 여러 가지로 설명이 가능하지만, 설교 제목과 연결시켜 본다면 현대는 권위를 상실한 시대입니다. 어떤 권위가 무너졌습니까?

① 가장의 권위 ② 교사의 권위 ③ 목회자의 권위 ④ 어른들의 권위

하나님이 권위를 세우셨습니다. 권위가 세워져야 가정과 사회와 교회와 국가의 질서가 세워집니다. 권위가 무너지면 질서가 무너집니다. 질서가 무너지면 혼돈에 빠집니다. 권위에 순종한다는 것은 하나님의 뜻입니다. 교회도 질서가 있으려면 권위에 순종해야 합니다. 하나님의 말씀과 교회 결의 사항과 책임자들에게 순종해야 합니다.

요즘은 교회도 질서가 많이 무너졌습니다. 질서에 순종하기보다 마음에 안 맞으면 교회를 옮깁니다. 심지어는 자기 마음에 맞지 않는다고 목회자를 쫓아 보내기도 합니다. 그러나 다윗은 하나님의 질서를 존중했던 사람입니다. 사울 왕이 불의한 의도로 다윗을 죽이려고 쫓고 있었습니다.

그러나 하나님은 다윗에게 함께 하시고 피할 길을 여셨습니

다. 오히려 다윗이 사울을 죽일 기회가 생겼습니다. 그러나 다윗은 사울을 죽이지 않았습니다. 그 이유는 무엇입니까? 하나님이 세우셨다는 것입니다. 하나님께서 세우신 권위를 다윗은 인정했습니다.

그렇다면 우리는 어떻게 권위를 세울 수 있을까요? 말씀을 들으시고 권위를 세워나가는 성도들 되시길 축원합니다.

1. 서기관들과 같지 아니함일러라

22절을 보면 "뭇 사람이 그의 교훈에 놀라니 이는 그가 가르치시는 것이 권위 있는 자와 같고 서기관들과 같지 아니함일러라"고 했습니다.

예수님의 가르침을 본 사람들은 그동안 자신들을 가르쳤던 서기관들과는 다른 것을 보았습니다. 서기관들에게서 볼 수 없었던 권위가 있었습니다.

마태복음 23장 3절을 보면 "그러므로 무엇이든지 그들이 말하는 바는 행하고 지키되 그들이 하는 행위는 본받지 말라 그들은 말만 하고 행하지 아니하며"라고 했습니다.

이 말씀은 서기관들의 언행이 불일치했다는 것입니다. 예수님은 말과 행동이 일치했고 서기관들은 말은 잘했지만, 행동이 따르지 않았다는 것입니다. 언행일치하면 권위가 있습니다. 신뢰가 갑니다. 그러나 언행불일치는 권위를 떨어뜨립니다. 신뢰를 상실하게 합니다. 이솝우화에 이런 이야기가 있습니다.

여우가 사냥꾼에게 쫓기다가 나무꾼을 발견하고는 자신을 숨겨달라고 간청하자 나무꾼은 자신의 오두막에 여우를 숨겨주었습니다. 그런데 잠시 후 사냥꾼이 와서 여우가 어디로 갔느냐고 묻자, 나무꾼은 말로 보지 못했다고 하면서 손으로는 자신의 오두막을 가리켰습니다.

하지만 사냥꾼은 나무꾼의 손짓이 무슨 뜻인지 모르고 떠나갔고, 잠시 후 사냥꾼이 떠나간 것을 확인한 여우는 서둘러 오두막을 나와 떠나가려 했습니다. 그러자 나무꾼은 구해주었는데 고맙다는 말 한마디 없이 떠나가는 여우를 비난했습니다. 그러자 여우가 뒤를 돌아보면서 이렇게 말하더랍니다. "만약 당신의 몸짓과 태도가 당신의 말과 일치했다면 진정 감사했을 겁니다."

말과 행동이 일치하는 사람이 훌륭한 인격자입니다. 신앙인은 말과 행동이 일치해야 합니다. 언행일치를 해야 할 이유는 무엇일까요?

언행이 일치한다는 것은 진실하다는 것입니다. 그렇다면 언행일치를 어떻게 실천할까요? 소학을 보면 "劉忠定公"(유충정공)이라고 했습니다. 이 말은 말한 것을 그대로 실천하는 것은 어렵지 않다는 것입니다.

그러나 매일 자신을 돌아보면 언행이 일치하지 않은 것을 얼마든지 발견할 수 있는 것입니다. 그래서 사람들은 7년 수행을 통해 언행을 일치시켰습니다. 또 언행을 일치시키고 나니 겉과 속이 서로 응하고 어떤 일이 생기더라도 막힘이 없고 항상 여유가 있더라고 합니다.

분명한 것은 언행일치해야 하지만 쉽지 않습니다. 서기관뿐 아니라 바리새인들도 언행이 불일치했습니다. 그래서 예수님께 외식하는 자들이라고 책망을 받았습니다. 언행일치를 위해서는 성령의 기름부음을 받아야 합니다. 성령충만해야 합니다. 주님과 깊은 교제가 있어야 합니다. 하나님 말씀에 순종해야 합니다.

요한일서 1장 1절을 보면 "태초부터 있는 생명의 말씀에 관하여는 우리가 들은 바요 눈으로 본 바요 자세히 보고 우리의 손으로 만진 바라"고 했습니다. 이것이 무슨 뜻입니까? 이것은 예수님을 가리키는 것입니다.

예수님과 3년 동고동락해 보니 그분을 통해서 하나님의 말씀을 들을 수 있었는데 돌이켜보니 그분이 말씀이셨습니다. 그래서 말씀을 보았고 만졌다고 한 것입니다.

예수님은 섬기라고 하셨습니다. 말씀만 하신 것이 아니고 제자들의 발을 씻기셨습니다. 형제를 위해 목숨을 버리는 것보다 더 큰 사랑은 없다고 하셨습니다. 그 말씀대로 친히 십자가에 달려 죽으셨습니다. 입으로만 말씀하신 것이 아니라 말씀을 보게 하신 분이 예수님이십니다.

　신앙인으로서 권위있는 성도가 되려면 언행일치해야 합니다. 말씀대로 실천하는 성도가 되시길 축원합니다.

2. 하나님의 거룩한 자니이다

　24절을 보면 "나사렛 예수여 우리가 당신과 무슨 상관이 있나이까 우리를 멸하러 왔나이까 나는 당신이 누구인 줄 아노니 하나님의 거룩한 자니이다"라고 했습니다.

　더러운 귀신과 대조되는 하나님의 거룩한 자라는 것입니다. 거룩함 앞에 더러운 것은 견디지 못합니다. 하나님과의 관계에서 누리는 거룩한 삶에 권위가 있습니다. 교회를 다니고 열심히 봉사해도 죄짓는 사람들은 권위가 없습니다. 그러나 신앙인이 말씀대로 사는 구별된 생활을 하면 권위가 생깁니다.

　현대는 교회의 위기시대입니다. 교인들이 급속히 줄고 있습니다. 전도가 안 되고 있습니다. 교회의 신뢰도도 엄청나게 떨어졌습니다. 이유가 무엇입니까? 교회의 거룩성을 상실했기 때문입니다.

　국어사전에서 '거룩'이란 '성스럽고 위대하다'라는 뜻입니다. 거룩은 신앙적으로 보면 하나님의 성품입니다. 그런데 성경은 하나님의 사람들에게 거룩하라고 말씀합니다. 인간은 다 죄인이기에 거룩할 수 없습니다. 그래서 하나님께서 예수님을 이 땅에 보내셔서 우리를 거룩한 하나님의 백성으로 삼으신 것입니다.

다니엘은 거룩한 신앙으로 복을 받았습니다. 하나님의 은혜와 긍휼을 얻었고, 학문과 지혜를 받았습니다. 그 결과 시대를 넘어서는 신앙인이 된 것입니다.

어거스틴은 머리가 비상해서 위대한 작품을 남긴 천재입니다. 이런 어거스틴이 젊은 시절 9년 동안이나 마니교에 빠져 있었고, 난잡한 성욕에 사로잡혀 이른 나이에 자식까지 보았습니다. 이런 어거스틴이 주님을 만나고 변화되자, 세상에서 가장 맑은 영혼의 소유자로 세상에서 가장 감동 깊은 글들을 남겼습니다.

역사를 보면 하나님께서 은혜를 베푸시기로 작정하시면 은혜를 몰아 주시는 것을 볼 수 있습니다. 모차르트, 어거스틴, 바울, 다윗 같은 사람들은 정말 하나님께서 은혜를 몰아 주셨습니다. 한국교회도 이런 복과 은혜를 받아야 합니다.

1885년 4월 15일 언드우드와 아펜젤러 선교사가 한국에 들어올 때 경쟁하지 않고 둘이 손을 잡고 나란히 배에서 내렸습니다. 그러나 지금 한국교회 안에는 개인주의가 들어왔습니다. 경쟁주의와 명예욕에 물들어 있습니다.

그러므로 한국교회가 권위를 회복하려면 무엇보다 거룩성을 회복해야 합니다. 거룩성을 회복하면 거룩한 습관이 생깁니다. 성도의 거룩한 습관은 하나님의 임재를 경험하게 합니다.

가장 중요한 성도의 거룩한 습관은 기도의 습관입니다. 바울에게는 거룩한 습관이 있었습니다. 어떤 습관입니까? 안식일에 기도할 곳을 찾는 습관과 예배하는 습관입니다. 기도하고 예배하는 습관이 있어야 삶이 변화되고, 삶이 변화된 모습이 거룩한 모습입니다.

세상사람과 똑같아서는 권위가 나타나지 않습니다. 그러나 신앙인의 거룩한 모습은 신앙인의 권위를 세워줍니다. 거룩한 모습으로 하나님의 영광을 나타내는 성도가 되시기를 바랍니다.

3. 더러운 귀신들에게 명한즉 순종하는도다

27절을 보면 "다 놀라 서로 물어 이르되 이는 어찜이냐 권위 있는 새 교훈이로다 더러운 귀신들에게 명한즉 순종하는도다" 라고 하였습니다.

옛날 사람들은 권력 잡고, 호령하고, 큰소리쳐야 권위 있는 사람이라고 했습니다. 요즘은 권위가 상실된 시대입니다. 그래서 부모가 말해도 자녀들이 잘 듣지 않습니다. 선생님이 말해도 학생들이 무시하기 일쑤입니다. 설교자들이 외쳐도 귀를 막는 교인들이 많습니다. 그러나 더러운 귀신들에게 명령했는데도 순종했다고 했습니다.

귀신들도 하나님 말씀, 예수님 말씀에 순종했다면 우리가 하나님 말씀에 순종하는 것은 당연한 것 아닙니까? 사람들은 자신을 알면 순종합니다. 하나님 말씀을 들으면 순종하고 하나님의 좋아하심을 알면 순종합니다.

야고보서 4장 7절을 보면 하나님께는 복종하고 마귀는 대적하라고 말씀합니다. 하나님께 순종하면 복을 받습니다. 성공합니다. 은혜를 받습니다. 기적을 체험합니다.

벤저민 프랭클린(Benjamin Franklin)이란 사람은 미국의 정치가입니다. 그는 나이가 든 후에 자신의 삶을 돌아보며 이런 말을 했습니다.

첫째, 나의 삶이라 할지라도 내가 마음먹은 대로 되지 않는다.
둘째, 내 삶을 온전히 주관하시는 분은 하나님이시다.
셋째, 지금까지 내가 살아오면서 하나님의 뜻에 순종한 만큼 내게는 행복과 성공이 있었다.

나를 주관하시는 하나님의 뜻대로 살지 않고, 순종하지 않고 내 마음과 내 뜻대로 살아갑니까? 하나님과 부딪히면서 살게 되어서 어려웠지만 하나님의 뜻대로 살아가면은 성공을 얻게 된다는 것입니다.

서울 소망교회에 김광석 장로님이 있습니다. 이분이 집사였을 때 담임목사님이 불러서 이렇게 말했습니다.

"미국에 명문 신학교인 풀러 신학교에 한국학생 300명이 유학을 하고 있는데 학자금이 부족하여 어려움을 겪고 있다고 합니다. 이들을 위해 장학기금으로 100만 달러(13억)가 필요하다고 합니다."

당시 김 집사에게는 버거운 액수였지만 마태복음 21장 2~3절의 말씀이 생각났습니다.

"너희는 맞은 편 마을로 가라 그리하면 곧 매인 나귀와 새끼가 함께 있는 것을 보리니 풀어 내게로 끌고 오라. 만일 누가 무슨 말을 하거든 주가 쓰시겠다 하라. 그리하면 즉시 보내리라"

그래서 "목사님! 주님께서 쓰시겠답니까? 주님은 물질뿐 아니라 생명의 주인이십니다. 주님께서 쓰시겠다는데 누가 뭐라고 하겠습니까? 제가 100만 달러를 준비한다 안한다 말할 자격도 없습니다. 무조건 순종하겠습니다. 즉시 100만 달러를 준비하겠습니다"라고 목사님께 대답했다고 합니다.

순종은 합리적으로 이해될 수 없는 것을 실행할 때 더욱 빛이 납니다. 권위를 회복하려면 언행이 일치해야 되고, 삶이 거룩해야 되고, 하나님께 순종해야 합니다. 권위를 회복하고 사는 성도가 되시길 축원합니다.

교회

"라오디게아 교회의 사자에게 편지하라 아멘이시요 충성되고 참된 증인이시요 하나님의 창조의 근본이신 이가 이르시되 내가 네 행위를 아노니 네가 차지도 아니하고 뜨겁지도 아니하도다 네가 차든지 뜨겁든지 하기를 원하노라 네가 이같이 미지근하여 뜨겁지도 아니하고 차지도 아니하니 내 입에서 너를 토하여 버리리라 네가 말하기를 나는 부자라 부요하여 부족한 것이 없다 하나 네 곤고한 것과 가련한 것과 가난한 것과 눈먼 것과 벌거벗은 것을 알지 못하는도다 내가 너를 권하노니 내게서 불로 연단한 금을 사서 부요하게 하고 흰 옷을 사서 입어 벌거벗은 수치를 보이지 않게 하고 안약을 사서 눈에 발라 보게 하라 무릇 내가 사랑하는 자를 책망하여 징계하노니 그러므로 네가 열심을 내라 회개하라 볼지어다 내가 문 밖에 서서 두드리노니 누구든지 내 음성을 듣고 문을 열면 내가 그에게로 들어가 그와 더불어 먹고 그는 나와 더불어 먹으리라 이기는 그에게는 내가 내 보좌에 함께 앉게 하여 주기를 내가 이기고 아버지 보좌에 함께 앉은 것과 같이 하리라 귀 있는 자는 성령이 교회들에게 하시는 말씀을 들을지어다"(계 3:14~22).

1989년 12월 서초동 미군기지 땅에 5층으로 된 삼풍백화점이 세워졌습니다. 당시 전국 2위의 매장 규모를 갖춘 초대형, 초호화 백화점이었습니다. 이런 백화점이 세워진 지, 5년 만인 1995년 6월 29일 오후 5시 55분에 엘리베이터 타워를 제외한 삼풍백화점 A동 전체가 붕괴되어 사망자가 502명, 부상자가 937명, 실종자 6명, 총 1,445명 사상자가 발생했습니다. 이 사건은 6.25전쟁 다음으로 대한민국 역사상 최대의 인명 피해로 기록되었습니다.

또한 2001년 9월 11일 테러로 인해 세계무역센터가 붕괴되었습니다. 그 결과 1만 명 정도의 사람들이 다치거나 죽었습니다. 빌딩값만도 1천억 달러입니다. 백조에 해당됩니다. 경제적 피해는 65조 원이 넘었다고 합니다.

이렇게 세상에는 무너지고 쓰러지는 것들이 많습니다. 무너지고 쓰러진다고 해도 회복된다면 희망이지만 회복하지 못하면 절망입니다. 병들어도 고치면 희망입니다. 그러나 고치지 못하는 절망적인 사람들도 있습니다.

유럽을 여행해 보면 대부분 건물이 교회 같은 느낌이 듭니다. 그러나 지금 유럽교회들은 대부분이 무너졌습니다. 주일에 교회를 찾는 성도는 줄어들었습니다. 심지어는 교인은 없고 목회자만 교회를 지키는 1인 교회가 급증하는 추세입니다.

교회 건물들이 십자가가 그대로 세워져 있고 강단과 강대상이 그대로 있는데 예배를 드리는 것이 아니고 술집이나 춤추는 곳으로 변한 곳이 많습니다. 영국교회들이 쇠퇴한 원인은 무엇일까요?

① 성경 권위의 상실

과거 영국인들은 성경을 하나님의 말씀으로 인정했습니다. 성경을 읽으면서 자신이 죄인이라고 느꼈습니다. 성경말씀에 맞추어 살려고 했습니다. 그러나 지금은 성경을 일반적인 책으로 생각하고 있습니다.

② 개혁 신학의 쇠퇴입니다.

1840년대에 시작된 현대주의 운동이 빠른 속도로 번져 가면서 영국교회들은 신신학에 대한 논쟁을 많이 했습니다. 그래서 예수님의 신성을 의심하고 예수님의 동정녀 탄생을 부인하고, 이적이나 예수의 육체적 부활도 부정하기 시작했습니다.

③ 복음주의 상실

19세기 영국의 자유주의자들은 복음을 타락시키고 새 시대에 걸맞은 신학으로 한다는 이름으로 옛 복음의 신령한 것들을 없애 버렸습니다.

④ 인간 철학 우선 사상

자유주의 사상이 하나님의 절대적인 계시 의존적인 신앙을 교회에서 몰아내었고 이 자리에 인간 이상의 소산인 철학을 놓게 했습니다.

⑤ 설교 권위의 추락

복음 설교, 전도 설교가 사라지고 도덕적인 강화만 강조했습니다. 설교자들은 성경의 진리를 설교하지 않고 현대사조를 귀하게 취급했습니다.

⑥ 지적 관심에 집중했습니다.

영적인 일보다 학식에 관심을 두었습니다. 신학교도 영성보다 학문적으로 진보를 추구했습니다.

⑦ 영성의 상실

교회가 18세기 초엽의 합리주의와 자연신론, 19세기의 현대주의와 진화론, 아리안주의 등과 싸우면서 변증학은 발전했지만 영성은 상실하고 말았습니다.

이것은 영국교회들만의 문제가 아닙니다. 라오디게아교회도 예수님으로부터 열정이 식었고 세속화되었고 인본주의가 되어버렸다고 책망을 받았습니다. 지금 한국교회도 라오디게아교회나 영국교회들과 다를 것이 없습니다.

교회는 찬양소리, 기도소리, 아멘 소리가 흘러넘쳐야 하는데 이런 소리들이 매우 약해졌습니다. 한국교회의 부흥과 성장에 대해서 온 세계가 부러워했습니다. 그러나 현 한국교회의 모습과 한국교회의 미래를 전망하는 발표를 보면 어두운 그림자가 드리워져 있습니다.

본문을 중심으로 라오디게아교회의 회복방법을 생각해 보면서 이것이 한국교회의 회복의 방법도 된다는 것은 생각하시고 회복의 비결을 배우시길 축원합니다.

1. 불로 연단한 금을 사라

18절 하반절을 보면 "내가 너를 권하노니 내게서 불로 연단한 금을 사서 부요하게 하고"라고 하였습니다.

열정이 식었고, 세속화되고, 인본주의가 된 라오디게아교회에게 불로 연단한 금을 사라고 말씀합니다. 하나님은 기도하는 성도들의 소원만 들어주시고 신앙인이 당하는 문제만 해결해 주시는 것이 아니라 용광로에 금과 은 같은 것을 넣어 연단하는 것처럼 신앙인을 연단하시는 하나님이십니다.

베드로전서 1장 7절을 보면 "너희 믿음의 확실함은 불로 연단하여도 없어질 금보다 더 귀하여 예수 그리스도께서 나타나실 때에 칭찬과 영광과 존귀를 얻게 할 것이니라"고 했습니다.

하나님께서 이스라엘 백성들이나 사도들이나 우리들에게 불로 연단한 금을 사라는 것은 고생하라는 것이 아닙니다. 불로 연단한 금은 믿음을 뜻합니다. 환란이나 고생은 믿음을 세워줍니다. 주님이 재림하시면 믿음을 칭찬하십니다.

요셉이 해와 달과 별이 자기에게 절하는 꿈을 꾸었는데 시간만 지난다고 이런 날이 오는 것이 아닙니다. 그럴 자격을 갖추어야 합니다. 그래서 형들에 의해서 팔려 가고, 종살이하고 종살이하면서 유혹을 받았지만 이겨냈습니다. 오직 하나님께 순종하는 연단을 받은 것입니다. 이것이 필요했던 것은 해와 달과 별이 자기에게 와서 절할 수 있는 사람으로 자격을 갖추기 위해 이런 과정을 지나게 하신 것입니다.

우리나라에 초창기 신앙인들은 정말 힘들게 신앙생활 했습니다. 초대교회 신앙인들은 그야말로 순교의 정신을 가지고 믿음을 지켰습니다. 초대교회 성도들을 힘들게 만든 사람들은 불교나 힌두교인들이 아닙니다. 같은 하나님을 믿는 유대인들입니다. 유대인들은 기독교인들에게 나사렛 사람들이라고 핍박했습니다.

나사렛 사람들이란, 나사렛 예수를 따르는 이단이라는 뜻입니다. 그래서 당시 예수님을 따르는 자들을 죽도록 미워했고,

회복은 생명입니다(上)

자기들의 공동체에서 쫓아냈습니다. 그래서 본도와 갈라디아와 갑바도기아와 아시아와 비두니아 같은 곳으로 흩어져 살았습니다.

구약성경에서 애굽이라고 하고 지금은 이집트라고 하는데 이집트에 콥틱교회가 있습니다. 이집트에는 대부분이 이슬람교와 태양신을 믿는 다신교 나라입니다. 이런 이집트에 콥틱교회가 있습니다. 이집트 인구에 10%가 콥틱교인입니다.

유세비우스라는 초대교회의 역사가는 주후 60년경 마가가 이집트에 와서 복음을 전하므로 콥틱교회가 생겼다고 주장합니다. 콥틱교회는 교세가 큰 교단이었습니다. 유명한 신학자도 배출했습니다. 삼위일체 신학을 수립한 알렉산드리아의 알렉산더 감독, 아타나시우스 감독, 클레민트 감독 등은 콥틱교단의 신학자입니다. 그러나 이슬람교도들이 침입하므로 지하로 숨어 들어갔고 박해 속에서도 목숨을 내놓고, 흔들림 없이 믿음을 지키고 있습니다.

예수 믿는데, 교회 다니는데, 봉사하는데 '왜 박해가 있나? 어려움이 있나?'라고 할지 모르지만, 신자가 받은 어려움은 불로 연단 받는 것입니다. 연단 받으므로 순금이 됩니다. 그래야 재림의 주님께 칭찬과 영광과 존귀를 얻게 됩니다.

하나님께서 욥에게 고난을 주신 이유도 여기 있습니다. 만사형통이 아니라 오히려 고난과 핍박이 교회를 회복시킵니다. 교회되게 한다는 사실을 믿으시길 축원합니다.

2. 흰옷을 사서 입어

18절 중반절을 보면 "흰옷을 사서 입어 벌거벗은 수치를 보이지 않게 하고"라고 하였습니다.

흰옷이란 어린 양이신 예수 그리스도께서 아내로 삼은 성도들에게 입혀 주신 새마포와 같이 깨끗하고 정결하여 의로운 행실을 비유한 것입니다. 옷은 행실을 의미합니다. 우리의 원죄는 예수를 믿음으로 용서받았고, 자범죄를 자백하므로 씻김을 받았습니다.

그래서 하나님은 우리를 의롭다고 인정해 주었습니다. 그러므로 우리는 의롭게 된 삶으로 자신을 정결하게 지켜야 합니다. 자기의 수치를 드러내면 안 됩니다. 자기의 부끄러움을 보이지 않게 해야 합니다. 흰옷을 입고 살아야 합니다. 흰옷은 성도의 옳은 행실을 의미합니다

영국의 종교개혁자 존 웨슬리의 어머니인 '수산나 웨슬리'는 훌륭한 신앙의 어머니입니다. 19명의 자녀를 낳았는데 9명은 먼저 세상을 떠났고, 10명을 훌륭한 자녀로 양육한 어머니입니다. 이런 훌륭한 어머니도 행실이 바르지 못한 딸 한 명 때문에 무척 힘들었습니다. 이 딸은 못된 친구들과 계속 어울려 다녔

회복은 생명입니다(上)

습니다. 어느 날 수산나는 검정 숯을 한 다발 가지고 와서 딸 앞에 내려놓으며 이렇게 말했습니다.

"딸아, 이 숯을 한번 안아보렴. 뜨겁지 않단다."

그러자 딸이 기겁하며 말했습니다. "뜨겁지는 않지만, 손과 몸이 더러워 지잖아요." 그때 수산나가 딸을 꼭 껴안으며 이렇게 말했습니다. "사랑하는 딸아! 우리 인생도 마찬가지란다. 바르지 못한 행실은 감옥에 갈 정도는 아니지만, 그로 인해 몸과 마음을 더럽히는 법이란다." 딸은 자신의 잘못을 크게 뉘우치고 어머니의 뜻에 순종했습니다. 현명한 어머니의 지혜가 딸을 변화시킨 것입니다.

신앙인은 먼저 믿음이 있어야 합니다. 말씀에 대한 지식도 있어야 합니다. 그러나 아무리 믿음이 좋다고 자신의 믿음을 자랑하고, 성경 말씀을 많이 암송한다고 해도 행실로 증명되지 않는 믿음은 옳은 믿음이 아닙니다. 야고보 사도의 말을 빌리면 죽은 믿음입니다. 그렇다면 신앙인의 옳은 행실은 어떤 것일까요?

① 대속의 은혜를 믿는 것입니다.
예수님께서 십자가에서 피흘려 죽으신 것은 내 죄 때문인 것을 믿어야 합니다. 내 죄 때문에 예수님께서 대속의 죽음을 당

하셨습니다.

② 정과 욕심을 십자가에 못 박아야 합니다.

예수를 믿음으로 의롭다 함을 얻은 성도는 자유함을 누리게
됩니다. 죄로부터, 사단의 정죄함으로부터 자유를 누립니다. 자
신을 죄악 가운데로 이끌어가는 육체의 소욕을 십자가 못 박고
세상을 향한 정과 욕심을 십자가로 처리하여 심령의 참된 자유
를 누리고 주안에서 평안 가운데 살아야 합니다.

③ 성령의 인도함을 받아야 합니다.

우리가 예수를 믿으면 성령님이 임하십니다. 성령께서 임하
시면 성령의 인도함을 받아야 합니다. 로마서 8장 14절을 보면
성령의 인도함을 받은 사람은 하나님의 아들이라고 말씀합니
다.

그렇다면 성령의 인도함이란 어떤 것입니까?

① 육신을 따르지 않고 그 영을 따르는 것입니다(롬 8:4).
② 육신의 일을 생각하지 아니하고 그 영을 따르는 것입니다.
③ 초자연적인 역사나 신비로운 능력으로 인도하는 것이 아
　니라 하나님의 말씀을 통하여 인도하십니다.

④ 성령은 오직 예수님만 증언하십니다.

⑤ 오직 진리 가운데로 인도하십니다.

⑥ 교회의 일꾼들을 통하여 인도하십니다.

⑦ 교회의 인도자들을 통하여 하나님의 말씀으로 양들을 인도합니다.

교회는 불로 연단한 금을 사고 흰옷을 사서 입어야 합니다.

3. 안약을 사서 눈에 발라 보게 하라

18절 하반절을 보면 "안약을 사서 눈에 발라 보게 하라"고 하였습니다. 안약은 양심을 민감하게 하고, 진리를 식별하고 깨닫게 하는 성령을 의미합니다. 다시 말씀드리면 안약을 발라 보게 하라는 말씀은 양심을 민감하게 하고 진리를 식별케 하시는 성령의 역사를 받아들이라는 것입니다.

사람은 눈을 밝혀 자연을 보고, 이웃을 보고, 세상을 보아야 합니다. 그러나 안약을 사서 바르면 자신을 보게 됩니다. 사람들이 교만한 이유는 자기를 제대로 보지 못하기 때문입니다. 그러나 성령을 받으면 먼저 자신을 보게 됩니다.

자기가 얼마나 헐벗고, 가난하고, 비참한지를 보게 됩니다. 다시 말씀드리면 안약은 분별력입니다. 성령충만하면 분별력이 생깁니다. 성령충만하면 하나님의 뜻을 알고 복음의 깊이를 알게 됩니다. 영적 무지와 무사안일과 무감각의 자리에서 일어나 자신과 교회를 보게 됩니다.

성령받지 못한 사람 즉 영안이 어두운 사람이 교회 일을 너무 열심히 하면 문제가 생깁니다. 안약을 눈에 바르지 않은 사람이 교회 지도자가 되거나 교회 리더가 되면 그 교회는 인간적인 교회, 사람 중심의 교회가 됩니다. 이런 교회는 하나님의 뜻을 성취할 수 없습니다. 하나님을 기쁘시게 해 드릴 수가 없습니다.

라오디게아 교인들은 주님을 믿는 신자들입니다. 그럼에도 세상에 보이는 것이 믿음의 전부인 것처럼 "나는 부자라 부요하여 부족한 것이 없다"라고 합니다. 자신들이 곤고하고, 가련하고, 가난하고, 눈멀고, 벌거벗은 것을 알지 못했습니다.

신앙인은 보이지 않는 것을 보아야 합니다. 세상만 보고 사는 것은 반쪽 신앙입니다. 그래서 예수님은 안약을 사서 바르라고 한 것입니다.

존 번연 목사님이 국왕의 명을 어긴 죄로 감옥에 갇혔습니다. 어느 날 간수장이 문을 열어 주면서 부인과 가족을 보고 오라고 했습니다. 존 번연은 고마운 마음으로 집으로 가다가 되돌아왔습니다. 그리고 간수장에게 "호의는 고맙지만, 성령이 인도하는 길이 아니라서 돌아왔습니다"라고 했습니다. 그로부터 1시간 후에 국왕이 직접 감옥을 시찰하면서 존 번연이 갇혀 있는 것을 확인하고 돌아갔습니다. 그 후 간수장은 이렇게 말했습니다.

"이제 제가 목사님께 가시라 오시라 하지 않을 테니 성령의 인도하심을 따라 가시고 싶을 때 가셨다가 오시고 싶을 때 오셔도 좋습니다."

성령의 인도하심을 따르지 않았다면 존 번연은 죽임을 당했을 것입니다. 교회는 믿음과 행실과 성령을 회복해야 합니다. 이것을 회복하는 성도가 되시기를 바랍니다.

11

기쁨

"주 안에서 항상 기뻐하라 내가 다시 말하노니 기뻐하라 너희 관용을 모든 사람에게 알게 하라 주께서 가까우시니라 아무 것도 염려하지 말고 다만 모든 일에 기도와 간구로, 너희 구할 것을 감사함으로 하나님께 아뢰라 그리하면 모든 지각에 뛰어난 하나님의 평강이 그리스도 예수 안에서 너희 마음과 생각을 지키시리라"(빌 4:4~7).

미국 서부와 캐나다와 접경한 곳에 몬타타(Montana)가 있습니다. 이곳에서 사람들이 금맥을 발견했습니다. 많은 양의 금을 캐서 돌아가게 되었는데, 그들이 금맥을 발견하자 기쁨을 절제하지 못하고, 이렇게 외쳤습니다.

"찾았네. 금을 찾았네. 우리는 부자가 되었네."

마을로 내려가기 전에 그들은 아무에게도 금을 발견한 사실을 말하지 않기로 합의했습니다. 마을에 내려와서 금맥을 발견했다고 말한 사람은 한 사람도 없었습니다. 그런데도 마을 사람들은 금을 발견한 자들에게 "당신들 금을 발견했지요?"라고 물었습니다. "누가 그렇게 말하던가요?" 마을 사람들이 대답했습니다. 아무도 말하지 않았지만, 당신들 얼굴에 그렇게 쓰여 있습니다.

1880년대 미국의 내셔널리그의 외야수였다가 20세기 초에는 미국에서 가장 영향력 있는 복음 전도자였던 빌리 선데이(Billy Sunday)는 이런 말을 했습니다.

"만약 당신에게 기쁨이 없다면 당신의 신앙 어딘가에 구멍이 난 것이다."

환경과 일과 사람과 돈이 우리에게서 기쁨을 빼앗아 갑니다. 그러나 기독교는 기쁨의 종교입니다. 신앙인의 마음에는 기쁨이 있습니다. 환경이 문제가 되지 않습니다. 모든 환경을 극복할 만한 기쁨이 우리에게는 있습니다.

그것은 하나님의 은혜입니다. 하나님의 은혜로 예수 믿게 되었고, 하나님의 자녀가 되었습니다. 구원받았습니다. 천국 갑니다. 돈이나 권력이 어느 정도이면 하나님의 은혜를 받고 예수 믿게 되고, 하나님의 자녀가 되고, 구원받고 천국을 가겠습니까?.

많은 돈이나 권력으로 해결 안 됩니다. 오직 하나님의 사랑과 하나님의 은혜입니다. 이 감격이 우리에게 기쁨을 주는 것입니다. 그래서 신앙인은 어떤 고난과 환란과 역경을 당해도 구원받았다는 사실만 생각하면 기쁨이 충만합니다.

불교신자였던 김정자라는 분이 기독교로 개종하여 어떤 교회에 교인이 되었습니다. 7개월 정도 교회를 다녔을 때 그는 행함으로 의롭게 되는 불교에서 믿음으로 의롭게 되는 종교로 개종했다고 간증했습니다.

그러던 어느 날 자신이 운영하는 흑염소 집에서 실수로 오른쪽 손목이 절단되는 사고를 당했습니다. 그러자 목회자와 교인들은 기독교로 개종했기 때문에 이런 사고가 발생했다고 생각하고 그가 하나님을 원망할까 봐 염려했습니다.

그러나 그는 "하나님께서 세속적 친구들을 멀리하도록 이런 일을 겪게 하신 것 같습니다. 두 손으로 죄를 짓고 지옥에 가는 것보다는 한 손으로 천국가는 것이 더 좋습니다"라고 하며 환하게 웃더랍니다.

병원에서 퇴원한 다음 그는 삶의 위기를 신앙성장의 기회로 삼고 왼손으로 글씨 쓰는 연습을 한 후 정상인처럼 생활하고 있습니다. 무엇보다 그는 구원받은 기쁨을 삶의 위기보다 중요하게 생각했고 구원받은 감격으로 신앙생활을 하고 있다고 합니다.

여러분에게는 구원받은 감격이 있습니까? 어쩌면 자신의 환경과 처지를 바라보며 원망과 불평의 삶을 살고 있지는 않은지, 자신을 돌아보고, 기쁨을 상실했다면 기쁨을 회복하셔서 항상 기뻐하며 사는 성도가 되시기를 축원합니다.

1. 주안에서 항상 기뻐하라

4절을 보면 "주 안에서 항상 기뻐하라 내가 다시 말하노니 기뻐하라"고 하였습니다. 기쁨에는 두 종류가 있습니다. 주안에서 기뻐하는 것과 주 밖에서 기뻐하는 것입니다.

주 밖에서 오는 기쁨은 오락이나 음식이나 노래나 춤 같은 것으로 오는 기쁨입니다. 이런 기쁨은 그때뿐입니다. 지속성이 매우 짧습니다.

그러나 주 안에서의 기쁨은 주님과 교제하고, 동행하고, 말씀 안에서 오는 기쁨입니다. 이 기쁨은 순간적인 것이 아니라 매일매일의 생활이 기쁨입니다.

바울은 "주 안에서 항상 기뻐하라"고 말씀합니다. 사업이 잘되고, 몸이 건강하고 자식들이 잘되면 누구나 감사할 수 있습니다. 그러나 주 안에서의 기쁨은 환난과 역경과 실패 중에서도 감사하라는 것입니다. 이것은 주 안에 있을 때만 가능합니다.

신앙인은 주 안에 있는 사람입니다. 주 안에란 사도 바울의 그리스도와의 신비적 결합을 의미합니다. 이것은 바울의 깊은 신앙의 체험을 말하고 바울의 신학체계와 기독교 신앙의 본질을 말하는 것입니다.

찬송가 370장 '주 안에 있는 나에게 딴 근심 있으랴'는 에드먼드 휴잇(E.E. Hewitt)이 작사했습니다. Hewitt은 평생을 독신으로 살면서 예수님을 본받아 형제애를 실천했고 주일학교 사업에 남다른 관심을 가지고 헌신했습니다. 그가 가르치는 학생 가운데 아주 불량한 문제아가 있었습니다. 1887년 겨울에 불량한 문제아를 예수님의 사람으로 타이르는데 갑자기 지붕 스레트가 여사의 등을 쳐서 척추를 다쳤습니다.

그러자 상반신을 석고붕대하고 대소변을 받아 냈습니다. 이 사고로 1888년 봄까지 6개월 동안 병원에서 치료를 받았습니다. Hewitt은 원수를 은혜로 갚아야 함을 잘 알지만, 마음속에서는 분노와 원망이 일어났습니다. 불량한 문제아에 대한 증오가 싹트기 시작했습니다. 마침 그때 청소부 아주머니가 콧노래를 부르면서 열심히 병원청소를 하고 있었습니다.

청소부의 노랫소리를 들으면서 '뭐가 좋아서 저렇게 콧노래를 부르면서 청소를 할까?'라는 생각을 하며 도전을 받았습니다. '나는 청소부보다 환경과 직업과 사는 것이 나은데 왜 나는 낙심하고 포기하고 있지, 그래도 나는 하나님을 믿는 사람

인데...'

Hewitt여사가 흑인 청소부에게 "청소하는 것이 뭐가 그리 좋아 찬양을 합니까?"라고 물었더니 흑인 청소부는 이렇게 말했습니다.

"나에게 닥친 어려운 형편과 처지가 찬송으로 바뀔 수 있는 힘을 주님께서 주셨으니 즐거울 수밖에요."

흑인 청소부의 말에 충격을 받은 Hewitt은 이제까지 불평과 증오로 가득 찬 과거의 자신을 회개했습니다. 그리고 입술로 본 찬송시를 읊었습니다.

"주 안에 있는 나에게 딴 근심 있으랴
십자가 밑에 나아가 내 짐을 풀었네
주님을 찬송하면서 할렐루야 할렐루야
내 앞길 멀고 험해도 나 주님만 따라가리."

여러분, 세상에서 육신의 만족을 채울 수 있습니다. 그러나 영의 만족은 채울 수 없습니다. 주 안에는 말씀과 구원이 있습니다. 진정한 기쁨은 예수를 믿고 그의 말씀을 따라 순종함으로 맛볼 수 있습니다. 사도 베드로는 요한복음 6장 68절에서 이렇게 고백합니다.

"주여 영생의 말씀이 주께 있사오니 우리가 누구에게로 가
오리이까?"

기쁨의 출처는 하나님입니다. 물고기가 물에서 살아야 생명
을 유지하게 되고, 초목이 땅에 뿌리를 내려야 싹이 나고, 꽃을
피우고, 열매를 맺을 수 있는 것처럼 신앙인은 주 안에 있어야
기쁨이 있습니다. 탕자를 보세요. 아버지를 떠나서 뭘 해보려
고 했지만 실패했습니다. 그러나 아버지께로 돌아오자 온갖 자
녀의 축복을 누리게 되었습니다.

성도 여러분, 항상 주 안에 사시기 바랍니다. 이것이 기쁨을
얻는 비결입니다.

2. 너희 관용을 모든 사람에게 알게 하라

5절을 보면 "너희 관용을 모든 사람에게 알게 하라 주께서 가
까우시니라"고 하였습니다. 관용이란 단어의 어원을 보면 자기
는 합법적으로 권리를 가졌지만, 다른 사람을 위하여 자기의 권
리를 주장하지 않는다는 의미입니다.

관용이란, 자신보다 다른 사람을 먼저 생각하는 너그러움이

회복은 생명입니다(上)

며 부드럽고 점잖은 성품입니다. 다른 사람의 허물을 참고 기쁘게 해 주는 것입니다. 신앙인은 관용을 성도들만이 아니라 불신자들에게도 베풀어야 합니다. 관용이 없이는 사랑과 용서와 하나 됨과 의견 일치는 불가능합니다.

그렇다면 왜 관용을 베풀어야 할까요? 주께서 가까우시기 때문입니다. 이것은 예수님의 재림이 임박했다는 것입니다. 주님이 곧 재림하시는데 사소한 문제로 시간을 낭비하지 말라는 것입니다. 별로 중요하지 않은 일에 걸핏하면 얼굴을 붉히며 목소리를 높이지 말라는 것입니다.

그러므로 관용은 넓은 마음으로 다른 사람의 모든 죄를 용서하는 것입니다. 관용을 베푸는 사람에게 기쁨이 있습니다. 남을 용서하지 못하고 정죄하는 사람에게는 기쁨이 없습니다. 그래서 예수님을 누가복음 17장 4절에서 이렇게 말씀하셨습니다.

"만일 하루에 일곱 번이라도 네게 죄를 짓고 일곱 번 네게 돌아와 내가 회개하노라 하거든 너는 용서하라 하시더라."

사람들이 왜 다투는 것입니까? 신앙인들을 왜 세상 사람들이 깍쟁이라고 합니까? 왜 인색하다는 말을 듣습니까? 관용하지 못하기 때문입니다. 관용에는 용서와 이해와 인내와 여유가 포함되어 있습니다.

관용의 대상은 누구입니까? 모든 사람입니다. 가난하거나, 부요하거나, 거칠거나, 천해 보일지라도 모든 사람에게 관용을 베풀어야 합니다. 사업과 직업과 거래와 인간관계에서도 관용을 나타내야 됩니다.

가방에 짐이 들어가지 않는다고 가방에 들어갈 수 있는 짐만 골라 넣지 말고 짐이 들어갈 수 있는 가방을 내가 만들면 됩니다. 바다가 세상을 살리는 것은 바다는 모든 것을 품어 주기 때문입니다. 누군가 우리를 품어 주지 않는다면 우리가 존재할 수 있겠습니까?

신앙적으로 우리는 다 어린아이와 같습니다. 누군가 품어 주기 때문에 살아왔고, 누군가 품어 주기 때문에 신앙도 성장한 것입니다. 그러므로 우리도 남에게 관용을 베풀어야 합니다.

루즈벨트가 미국 대통령으로 재임할 때 자신을 혹평하는 잡지사의 한 기사를 보게 되었습니다. "형편없는 능력의 술주정뱅이 루즈벨트." 이 기사를 본 루즈벨트는 너무 화가 나서 비서와 함께 잡지사를 항의 방문하려고 했지만, 문득 이런 생각이 들었다고 합니다.

'아니야, 아무리 대통령이지만 이런 식으로 권력을 남용해서는 안 돼. 민주주의의 절차를 따라야지.'

그리고 정식으로 변호사를 선임해서 명예훼손 혐의로 소송

회복은 생명입니다(上)

을 제기했습니다. 기나긴 공방 끝에 루즈벨트가 승소했고, 이제 과연 손해배송 비용이 얼마나 나올지가 모두의 관심사였습니다. 그러나 그 비용은 1달러였습니다. 비서가 1달러를 받으려고 그렇게 오랜 시간을 투자했냐고 묻자, 루즈벨트는 이렇게 대답했다고 합니다.

"중요한 것은 진실이 밝혀졌으면 된 거네. 이겼으니 너그럽게 관용을 베풀어야 하지 않겠나!"

이처럼 관용을 베푸는 사람은 다른 사람들에게 개인적인 권리를 기꺼이 양보하면서 다른 사람들에게 너그러움과 친절을 베풀고 삽니다. 이것이 주님의 재림을 준비하며 사는 성도의 모습입니다. 이런 사람에게 기쁨이 있습니다.

3. 하나님께 아뢰라

6절을 보면 "아무 것도 염려하지 말고 다만 모든 일에 기도와 간구로, 너희 구할 것을 감사함으로 하나님께 아뢰라"고 하였습니다.

빌립보교회는 내적으로는 심각한 갈등과 분열이 있습니다. 외적으로는 박해가 있습니다. 무엇보다 빌립보교회를 지도할 사도 바울은 로마 감옥에 갇혀 있습니다. 이런 빌립보교회를 향해 바울은 염려하지 말고 기도하라고 말씀합니다. 신앙인이면 해야 할 염려와 해서는 안 될 염려가 있습니다. 해야 할 염려는 다음과 같습니다.

① 하나님께서 말씀하신 것들을 순종하기 위해 염려해야 합니다.
② 신앙인으로서 할 일을 다하고 있는가를 염려해야 합니다.
③ 국민으로서 할 일을 다하고 있는가를 염려해야 합니다.

그리고 해서는 안 될 염려가 있습니다.

① 무엇을 먹고 마시고 입을 것인가에 대해서는 염려하면 안 됩니다.
마태복음 6장 31절 이하를 보면 이것은 이방인들이 하는 것이라고 했으니 염려하면 안 됩니다.
② 염려는 불신앙의 모습이기에 하면 안 됩니다.
③ 죄가 되기 때문에 하면 안 됩니다. 염려하는 이유는 믿지 못하기 때문입니다. 믿지 못하는 것은 죄입니다.

염려는 결실치 못합니다(마 13:22). 염려는 괴로움을 더하는 것

회복은 생명입니다(上)

입니다(마 6:34). 그러므로 염려하지 말고 기도해야 합니다. 기도는 하나님께 맡기는 것입니다. 내가 하려고 하면 염려됩니다. 그러나 전지전능하신 하나님께 맡기면 하나님께서 알아서 해결해 주십니다. 하나님께 기도하는 사람과 하나님께 맡기는 사람에게는 기쁨이 있습니다.

"기도해 보시지 않을래요"라는 책은 일본의 여성 문학가 미우라 아야코가 저술한 책입니다. 이 책을 보면 "이또오 목사님이 중국에 선교사로 가기로 결심했습니다. 그러자 교인들이 십시일반 선교비를 주었습니다. 이 돈으로 뱃삯까지 계산하고 나니 50원이 남았습니다"라고 하는 대목이 나옵니다. 1938년도이니까 50원이면 중국에서 두 달은 살 수 있는 돈입니다. 출발하기 전날 여러 가지 정리를 하는데 교회에서 49원을 가불한 것이 생각났습니다. 목사님은 기도했습니다.

"주님, 어떻게 하지요? 지금 갚아야 합니까? 아니면 지금 돈이 없으니 갔다 와서 갚아야 합니까?"

갚아야 한다는 생각이 들었습니다. 그래서 49원을 갚았습니다. 1원이 남았습니다. 아무것도 할 수 없는 금액입니다. 걱정되었습니다. '교인들에게 뭐라고 할까? 형편이 안 되어 못 가게 되었다고 할까? 아니면 회계집사에게 다시 빌릴까?'

이때 이런 생각이 들었답니다. '내가 지금 교인들에게 뭐라고 설교했는가? 무엇을 먹을까, 마실까, 입을까 염려하지 말라고 했는데 나는 왜 이렇게 염려하는가?'

다음 날 아침, 목사님은 모든 것을 하나님께 맡기고 역으로 나갔습니다. 교인들은 알 리가 없지요. 교인들이 역에 나와 전송을 합니다. 열세 사람이 봉투를 주었습니다. 기차 안에서 세어보니 30원이었습니다.

기차가 시모노세끼에 도착했습니다. 한 친구가 전송하려고 왔다가 15원을 주었습니다. 목사님은 규슈행 배를 탔습니다. 규슈에 도착하니 지인 두 사람이 나왔습니다. 2원씩 봉투 두 개를 주었습니다. 계산을 해보니 49원입니다. 목사님이 갖고 있던 1원을 합하니 50원입니다. 목사님은 배 안에서 하나님께 감사기도를 드렸습니다.

주안에 있고, 관용을 베풀고, 하나님께 기도하는 것이 기쁨의 비결입니다.

12

능력

"헬라인이나 야만인이나 지혜 있는 자나 어리석은 자에게 다 내가 빚진 자라 그러므로 나는 할 수 있는 대로 로마에 있는 너희에게도 복음 전하기를 원하노라 내가 복음을 부끄러워하지 아니하노니 이 복음은 모든 믿는 자에게 구원을 주시는 하나님의 능력이 됨이라 먼저는 유대인에게요 그리고 헬라인 에게로다 복음에는 하나님의 의가 나타나서 믿음으로 믿음에 이르게 하나니 기록된 바 오직 의인은 믿음으로 말미암아 살리라 함과 같으니라"(롬 1:14~17).

1837년 6월 영국의 여왕이 즉위했습니다. 18세 소녀가 여왕이 되었습니다. 18세에 여왕이 되었다는 소식을 접한 소녀의 반응은 무엇일까요? 기록에 의하면 그녀는 먼저 무릎을 꿇고 기도했습니다.

"하나님께서 영국을 인도해 주시고 저를 도와주세요."

여왕의 업무를 시작한 빅토리아 여왕은 64년 동안 대영제국을 이끌었습니다. 이 기간에 영국은 눈부시게 발전했습니다. 산업혁명을 통한 의회 민주제도와 경제도약을 이루었습니다. 특히 도덕성과 예절이 강조되는 문화가 이때 확산되었습니다. 그래서 빅토리아 여왕은 영국 영광의 상징이 되었습니다.

어느 날 인도의 왕자가 빅토리아 여왕을 찾아와 접견할 때 "영국이 번영하고 있는 비결이 무엇입니까? 어디서 이런 능력이 나옵니까?"라고 묻자, 영국 여왕은 미소를 띠고 책상 위에 놓여 있던 한 권의 책을 집어 들고 "이것이 그 비결이지요"라고 했습니다. 그 책은 다름 아닌 성경이었습니다.

영국 틸함 대학교 제임스 던 교수가 저술한 책 "바울신학"을 크리스챤 다이제스트에서 출판했습니다. 이 책은 985쪽이나 되는 엄청난 분량의 책입니다. 이 책을 쓰기 위해 40년을 바울신학만 연구했습니다. 한 대학교 교수가 자신의 일생 중 반 이상을 바울의 인생 전체도 아닌 '바울 신학'만 연구했다면 우리가 바울에 대해서 뭘 안다고 할 수 있겠습니까?

그러나 신약 성경을 통해서 알 수 있는 사도 바울은 한마디로 말하면 '능력 있는 그리스도인'이라고 말할 수 있습니다. 바울뿐이 아니고 신앙인이면 능력이 있어야 하고, 능력을 나타내야 합니다.

능력이 없다면 가치가 없습니다. 쓸모도 없습니다. 사람에게

회복은 생명입니다(上)

필요한 것은 능력입니다. 남자나 여자, 직장인이나 가정주부나, 남녀노소 누구든지 능력이 있어야 합니다. 능력이 있으면 어디서나 인정받습니다. 쓸모 있는 사람이 됩니다. 능력 있으면 살고, 능력 없으면 죽습니다.

모세나 엘리야나 바울 같은 사람들이 하나님께 귀하게 쓰임받은 이유는 능력이 있었기 때문입니다. 마른 막대기 같은 사람도 하나님께서 능력을 주셔서 하나님의 사람으로 사용하십니다. 능력 있는 그리스도인은 어떤 삶을 살까요?

기쁨의 삶입니다. 이 기쁨은 잠시 있다가 사라지는 기쁨이 아닙니다. 세상 기쁨은 기분과 환경 따라 변하지만 하나님이 주시는 기쁨은 세상 기쁨과 다릅니다. 예수님은 영혼의 기쁨, 생명의 기쁨, 영원한 기쁨을 주십니다. 누구나 이런 기쁨을 소유하는 것은 아닙니다.

능력 있는 그리스도인이 되어야 기쁨의 삶을 삽니다. 능력 있는 그리스도인이 현실을 이겨냅니다. 환경에 눌려 사는 사람이 있습니다. 병마에 짓눌려 사는 사람도 있습니다. 사업의 실패로 마음과 생각이 다 무너진 사람들도 있습니다. 그야말로 모든 것을 포기하고 삽니다. 이것은 환경에 눌린 삶의 모습입니다.

그러나 능력 있는 그리스도인은 궁핍과 감옥과 환경의 지배를 받지 않습니다. 바울처럼 감옥에 있으면서도 "기뻐하라 내가 다시 말하노니 기뻐하라"고 말할 수 있습니다. 감옥에 있으면서 기도하고 찬송하므로 기적을 체험하는 사람이 능력 있는 그리스도인입니다.

빌립보서 4장 11절 이하에서 바울은 어떤 형편에 처하든지 자족하기를 배웠다고 했습니다. 비천에 처할 줄도 알고, 풍부에 처할 줄도 알고, 모든 일 곧 배부름과 배고픔과 풍부와 궁핍에도 처할 줄 아는 일체의 비결을 배웠다고 했습니다.

또한 능력 있는 그리스도인은 무한한 가능성을 가지고 삽니다. 그래서 바울은 "내게 능력 주시는 자 안에서 내가 모든 것을 할 수 있느니라"고 했습니다. 하나님께서 귀하게 사용하셨던 믿음의 사람들의 공통점은 자신의 삶을 주님께 온전히 드렸던 사람들입니다.

성도 여러분, 신앙인은 능력을 소유해야 하고, 혹시라도 능력을 상실했다면 반드시 회복해야 합니다.

1. 믿음입니다.

믿음이 있으면 능력이 나타나고 믿음이 없으면 능력이 나타나지 않습니다. 믿음이라고 다 믿음이 아닙니다. 믿음에도 종류가 있습니다. 맹목적인 믿음, 왜곡된 믿음, 행함이 없는 믿음은 믿음이 아닙니다. 열매가 없습니다. 참된 믿음은 행함이 있는 믿음입니다. 열매가 있는 믿음입니다. 그렇다면 무엇을 믿어야 합니까?

① 하나님을 믿어야 합니다. 창조주 하나님을 믿고, 지금도 우주와 만물을 섭리하시고 주관하사는 하나님을 믿어야 합니다.

② 예수님이 하나님의 아들 그리스도이심을 믿어야 합니다. 예수님은 성령으로 잉태되어 세상 모든 사람의 죄를 대속하기 위해 십자가에 달려 죽으신 것을 믿어야 합니다.

③ 죄 없으신 예수님께서 대속의 죽음을 당하셨지만, 사망권세를 이기시고 사흘 만에 부활하신 것도 믿어야 합니다.

④ 승천하신 예수님은 언젠가는 재림하시는 주님이라는 사실도 믿어야 합니다.

그 외에도 하나님의 약속과 하나님의 나라와 하나님의 말씀을 믿어야 합니다. 믿을 때 능력이 나타납니다.

마태복음 17장을 보면 귀신 들린 아들을 아버지가 제자들에게 데리고 왔습니다. 그러나 제자들은 귀신을 쫓아내지 못했습니다. 그러자 변화산에서 내려오신 예수님께서 귀신을 쫓아 주셨습니다. 이때 한 제자가 예수님께 우리는 왜 귀신을 쫓아내지 못하느냐고 질문하자 "믿음이 작은 까닭이니라"(20절)고 하셨습니다.

또한 마가복음 2장을 보면 중풍병자를 네 사람에게 메워서 예수님께 왔지만, 사람들이 너무 많이 모여 있어서 예수님께로 중풍병자를 데리고 갈 수가 없었습니다. 그러자 네 사람은 지붕을 뜯어 구멍을 내고 중풍병자가 누운 상을 달아 내렸습니다. 이때 예수님은 그들의 믿음을 보시고 중풍병자에게 "작은 자야 네 죄사함을 받았느니라"(막 2:5)고 하셨습니다.

귀신들린 아들에게 귀신을 쫓아낸 것이나, 네 명이 메고 온 중풍병자나 예수님께서 보신 것은 믿음입니다. 하나님은 믿음을 보십니다. 믿음이 있을 때 능력을 나타내십니다.

백여 년 전에 아일랜드의 어떤 동네에 부유한 여인이 살고 있었습니다. 어느 날 이 마을에 전기가 공급되었지만, 전기를 사용하지 못했습니다. 유일하게 부유한 여인만 전기를 들여와 사용하게 되었습니다. 그러자 동네 사람들이 부유한 여인을 부러워하게 되었습니다. 그런데 전기를 설치하고 한 달이 지나서 전기 검침원이 계량기를 보고서는 이상하게 생각했습니다. 계량기가 얼마 돌지 않았기 때문입니다. 그래서 주인에게 말했습니다. "전기를 거의 사용하지 않았네요." 그때 부유한 여인이 "해가 져서 초를 찾을 때만 전기를 켰다가 곧 껐거든요"라고 대답했습니다.

믿음도 마찬가지입니다. 문명의 이기를 제대로 활용 못 한 부유한 여인처럼, 믿음도 활용하지 아니하면 아무 소용이 없습니

회복은 생명입니다(上)

다. 믿음은 무한한 능력이 있습니다. 믿음의 능력을 체험하고 사는 성도가 되시길 축원합니다.

2. 성결입니다.

로마서 12장 2절을 보면 "이 세대를 본받지 말고 오직 마음을 새롭게 함으로 변화를 받아 하나님의 선하시고 기뻐하시고 온전하신 뜻이 무엇인지 분별하도록 하라"고 했습니다.

이 말씀은 성결한 삶, 깨끗한 삶을 살라는 것입니다. 깨끗하게 살면 능력이 나타나지만, 부정하게 살면 능력이 상실된다는 것입니다. 성결은 그리스도인이라면 반드시 갖추어야 할 덕목입니다.

웨슬리(Wesley)에 의하면 성결은 하나님의 본성이며 하나님의 다른 모든 속성들의 바탕입니다. 성결은 하나님의 백성이 되는 조건이며 사귐의 기초입니다. 달리 말하면 하나님 앞에 나아가는 필수 요건입니다.

성도 여러분, 성결하십니까? 성도들 한 사람, 한 사람이 성결하면 성결한 교회가 됩니다. 그러나 한국교회는 이미 성결을 상실했습니다. 그래서 세상 사람들이 교회를 정상으로 보지 않습니다.

신앙인이면 직장이나 가정이나 동네에서도 말과 생각과 행동이 깨끗해야 합니다. 성결해야 합니다. 교회와 세상의 구분이 무엇입니까? 세상은 불결해도 교회는 성결해야 합니다. 세상 사람들은 부정해도 신앙인은 정결해야 합니다. 사람들은 교회의 불결을 몇 가지로 지적하고 있습니다.

① 물질 문제의 불결.
② 명예, 영광심의 불결.
③ 성적 시험과 범죄의 불결.
④ 교회의 치리 부재의 불결.

어떻게 해서든지 신앙인과 교회는 성결해야 합니다.

① 믿음으로 깨끗하게 하고(행 15:9).
② 소금으로 성결하라(출 35:36).
③ 말씀으로 성결해야 합니다(삼하 22:31).

깨끗하면 능력을 회복하고 깨끗하지 못하면 힘을 상실합니다. 고급 관리들, 정치인들이 불결한 행동을 했기 때문에 제명 처분을 받고, 출당 조치를 당합니다.

하나님은 우리에게 "깨끗하라. 성결하라"고 말씀하십니다. 성결은 하나님의 명령이며 하나님의 뜻입니다. 그렇다면 성결해지는 방법은 무엇일까요?

① 하나님의 말씀입니다.

"이는 곧 물로 씻어 말씀으로 깨끗하게 하사 거룩하게 하시고"(엡 5:26). 요한복음 17장 17절에서 "진리로 거룩하게 하옵소서 아버지의 말씀은 진리니이다"라고 했습니다.

② 보혈의 능력입니다.

히브리서 9장 14절을 보면 "하물며 영원하신 성령으로 말미암아 흠 없는 자기를 하나님께 드린 그리스도의 피가 어찌 너희 양심을 죽은 행실에서 깨끗하게 하고 살아 계신 하나님을 섬기게 하지 못하겠느냐"라고 했습니다. 주님의 보혈은 사람의 마음을 정결케 하는 능력이 있습니다.

③ 성령의 세례입니다.

"오직 그의 긍휼하심을 따라 중생의 씻음과 성령의 새롭게 하심으로 하셨으니"(딛 3:5). 하나님의 말씀과 예수의 피와 성령세례로 우리가 성결케 됩니다. 그렇다면 한 개인의 영혼을 성결하게 하려면 성부와 성자와 성령께서 총출동하여 역사하신 것이니 얼마나 놀라운 일입니까?

④ 정직한 회개입니다.

⑤ 믿음입니다.

사도행전 15장 9절을 보면 "믿음으로 그들의 마음을 깨끗이 하사 그들이나 우리나 차별하지 아니하셨느니라"고 하였습니다. 죄인은 어디서도 인정받지 못합니다. 그러나 깨끗하면 하나님과 사람들에게 인정받습니다. 성결하므로 능력을 회복하는 여러분이 되시길 축원합니다.

3. 약함입니다.

"나에게 이르시기를 내 은혜가 네게 족하도다 이는 내 능력이 약한 데서 온전하여짐이라"(고후 12:9).

바울은 약함에서 능력이 나온다고 했습니다. 그래서 약함을 자랑한다고 합니다. 바울은 가문과 학문과 종교를 자랑하던 사람입니다. 그러나 예수님을 만나고 가치관이 변했습니다. 십자가와 예수님과 약함을 자랑하게 되었습니다.

사람들은 강한 것을 자랑합니다. 그러나 강한 것은 쉽게 부러집니다. 그래서 짐승들도 강한 것은 찾아보기가 쉽지 않습니다. 그러나 약한 토끼나 고양이나 개 같은 것은 사람들이 양육

합니다.

　육신이 약하다고 염려할 것 없습니다. 그것 때문에 더 하나님을 의지하고, 기도하면 능력의 사람이 됩니다. 그래서 신실한 신앙인들은 약함을 축복이라고 말합니다. 그 이유가 무엇일까요?

　① 겸손하게 합니다.

　강함은 사람들을 교만하게 하지만 약함은 겸손하게 합니다. 교만하면 잘못됩니다. 넘어집니다. 하나님을 멀리합니다. 그러나 약하면 하나님을 의지합니다. 기도합니다. 무릎 꿇습니다. 바울에게도 육체의 가시가 있었습니다. 가시는 안질이라는 주장과 간질병이라는 주장이 있습니다. 처음에는 이 가시를 인정 못 했습니다. 이해도 못했습니다. 그러나 나중에 깨달았습니다. '나를 겸손하게 하시려고 육체의 가시를 주셨구나!' 여러분, 교만하면 망합니다. 그러나 겸손하면 은혜를 받습니다.

　② 하나님을 드러냅니다.

　바울은 육체의 가시를 제거해 달라고 기도했습니다. 많이 기도했습니다. 그런데 기도응답은 가시가 제거된 것이 아닙니다. "네 은혜가 네게 족하다"는 것입니다. 성도 여러분, 고통 가운데 있으십니까? 고통에는 하나님의 뜻이 있으십니다. 기도가 응답되지 않는다고 낙심할 이유가 없습니다. 하나님은 나의 부르짖음과 형편을 잘 알고 계십니다. 내가 아는 것보다 더 잘 알고 계십니다. 그뿐만 아니라 문제를 해결하시는 하나님이십니다.

알렉산더 대왕의 원정대로 활동했던 마케도니아의 안티코노스 장군 휘하에 이런 병사가 하나 있었습니다. 이 병사는 부상을 당하여 자유롭게 움직이지도 못하고 고통스러운 가운데서도 어려운 임무를 도맡아 처리하는 용감한 병사입니다.

어느 날 안티코노스 장군이 이 용감한 병사에 대한 소식을 듣고 감탄하고 이름난 의사를 보내어 치료하게 했습니다. 얼마 후 고통에서 완전히 해방되었습니다. 그러자 그에게서 다른 모습이 보이기 시작했습니다. 참전하는 병사의 의무는 뒤로하고 세상적인 것에 관심과 열정을 쏟기 시작했습니다. 이 모습을 본 안티코노스 장군은 이렇게 말했습니다. "약했을 때 오히려 강한 힘을 발휘했던 병사였는데..."

여러분 약할 때가 강할 때입니다. 성도 여러분, 능력을 상실했다면 믿음과 성결과 약함으로 능력을 회복하는 성도가 되시길 축원드립니다.

13

말씀

"하나님의 말씀은 살아 있고 활력이 있어 좌우에 날선 어떤 검보다도 예리하여 혼과 영과 및 관절과 골수를 찔러 쪼개기까지 하며 또 마음의 생각과 뜻을 판단하나니 지으신 것이 하나도 그 앞에 나타나지 않음이 없고 우리의 결산을 받으실 이의 눈 앞에 만물이 벌거벗은 것 같이 드러나느니라"(히 4:12~13).

남아시아에 위치한 스리랑카에는 '아나바스 스칸데스'라는 물고기가 있습니다. 일반적인 물고기는 물 밖으로 나오면 30분도 버틸 수가 없습니다. 그러나 아나바스 스칸데스는 가끔 물에서 나와서 육지를 돌아다니는데 1주일 정도는 육지에서 지낼 수 있다고 합니다.

이 물고기는 1km가 넘는 거리를 육지에서 돌아다니기도 하고, 며칠씩 생명에 지장이 없을 정도로 물과 떨어져서도 잘 살수 있는 희귀한 물고기입니다. 다른 물고기와 다르게 이 물고기는 어떻게 육지에서도 이렇게 살 수 있는지 그 이유를 알기 위해 과학자들이 해부를 해보았답니다.

그 결과 다른 신체적 특징은 일반 물고기와 똑같은데 뇌가 조금 다르더랍니다. 뇌에 달팽이관처럼 생긴 뼈가 있고 그 안에 물이 담겨있었습니다. 이 기관에서 조금씩 뇌에 물을 공급해서 육지에서도 다른 물고기보다 오래 머물 수 있는 비결이 있음을 발견했다고 합니다.

이스라엘 사해 북서쪽에는 철을 따라 이동하는 유목민들이 있습니다. 가을이 되면 이들은 사막의 동굴이 있는 곳을 찾아 머물렀는데 무리 가운데 한 사람이 심심해서 동굴에 돌멩이를 던졌습니다. 그런데 항아리가 깨어지는 소리가 들려 동굴에 들어가서 보았더니 열 개의 항아리가 있었고, 그 안에는 가죽으로 된 두루마리가 있었는데 유목민들은 두루마리에 적힌 글씨를 알 수가 없었습니다.

그럼에도 중요한 항아리라는 생각이 들어 집으로 가지고 갔습니다. 그러나 어떤 물건인지 몰라 그 두루마리로 신발을 만들어 신을 생각도 했다고 합니다. 2년 후 어떤 학자에 의해서 그 두루마리가 성경이 정통성을 가지고 그대로 전해 내려오고 있음을 알려 주는 중요한 성경인 이른바 사해사본이었습니다.

아무리 중요한 물건이라도 가치를 알아보지 못하고 사용하지 않는다면 무용지물입니다. 성경말씀은 영의 양식입니다. 하나님의 말씀이지만 그 가치를 모르면 가치가 없습니다. 그러나

회복은 생명입니다(上)

하나님의 말씀의 가치를 알고, 말씀 읽고, 듣고 순종하고 살면 영이 살고, 영혼의 양식이 됩니다. 살아 계신 하나님의 역사를 체험하며 살 수 있습니다.

기독교는 말씀의 종교입니다. 말씀이 신앙의 기준입니다. 중심입니다. 그러므로 신앙인이면 경험이나 지식보다도 말씀 중심으로 살아야 합니다.

사도행전 6장 7절을 보면 "하나님의 말씀이 점점 왕성하여 예루살렘에 있는 제자의 수가 더 심히 많아지고 허다한 제사장의 무리도 이 도에 복종하니라"고 했습니다. 말씀이 살면 개인과 가정과 교회와 나라가 살고, 말씀이 약하면 개인과 가정과 교회와 나라도 약해집니다.

만일 말씀이 우리에게서 사라진다면 우리는 영적으로 죽을 수밖에 없습니다. 말씀이 우리에게 복과 저주의 기준입니다. 신명기 28장 15절을 보면 "그러나 만약 네가 네 하나님 여호와께 순종하지 않고 내가 오늘 네게 주는 그 분의 모든 명령과 규례를 삼가 따르지 않으면 이 모든 저주들이 네게 닥쳐 너를 덮칠 것이다"고 했습니다.

모세는 이스라엘 백성들이 하나님 말씀에 순종하면 풍성한 복을 받겠지만 말씀에 불순종하면 저주가 덮친다고 경고했습니다. 순종하지 않으면 성안에 있어도, 들판에 있어도 저주를 받고, 바구니와 반죽과 그릇이 저주를 받는다고 했습니다.

그러나 말씀에 순종하면 "들어가도 복을 받고, 나가도 복을 받는다"(신 28장)라고 말씀합니다. 좋은 직장에 취직하는 것도 필요하고, 사업도 잘되고, 몸도 건강해야 합니다. 그러나 먼저는 우리의 심령 가운데 말씀이 있어야 합니다. 말씀 중심의 삶을 회복해야 합니다. 그렇다면 말씀은 어떤 능력이 있을까요?

1. 살아 있고

12절 말씀 상반절을 보면 "하나님의 말씀은 살아 있고"라고 했습니다. 물은 많지만, 마실 물이 없는 시대입니다. 마실 물이 산 물이라면 마실 수 없는 물은 죽은 물입니다.

대형 서점이나 도서관에 가면 내가 무엇을 알고 있다는 것에 대해 회의를 느끼게 됩니다. 그 많은 책이 그냥 기록된 것이 아닙니다. 그 분야에 대해 오랜 경험을 했거나, 그 분야에서 성공을 했거나, 그 분야를 연구, 해석, 학위를 받았거나 한 사람들이 자부심을 가지고 저술한 책들입니다.

그러나 이런 책들을 저술한 사람들은 이미 죽었거나 죽어가고 있는 사람들입니다. 저자들의 주장들도 다 옳은 것이 아닙니다. 반대되는 견해도 있고, 세월이 흐르면서 더 좋은 견해들도 나오고 있습니다.

하지만 하나님의 말씀은 살아 계신 하나님의 말씀입니다. 수

천 년의 역사를 통해 내려오고 있는 말씀이지만 일점일획도 변하지 않고 그대로 유지되고 있습니다. 성경말씀도 수많은 공격을 받았고, 지금도 말씀을 무시하는 사람들도 있지만 그럼에도 누구도 거부하지 못하는 진리의 말씀입니다.

인터넷에 들어가 보면 말씀이 많습니다. 설교도 많습니다. 그러나 거기에는 신천지나 하나님의 교회에서 많은 글을 올려 놓았습니다. 성경말씀 같은데 아닌 것이 많습니다. 그러나 하나님의 말씀은 살아 있는 말씀입니다. 살아 있는 말씀이란 살아 계신 하나님의 말씀이라는 것입니다. 이 말씀은 우리를 살리는 말씀입니다. 생명의 말씀입니다.

존 로크라는 영국의 철학자는 "성경은 하나님이 인간에게 내려 주신 가장 위대한 축복이다"라고 했습니다.

독일의 시인 괴테는 "독일이 위대한 나라가 된 것은 마르틴 루터가 1517년 종교개혁을 해서 전 독일 사람들에게 독일어로 번역된 성경을 읽고 배우게 했기 때문이다. 그래서 독일이 최고의 민족이 되었다"라고 했습니다. 독일은 유럽 文化의 중심입니다. 의학이나 철학이나 신학같은 고등학문의 명문들이 모여 있습니다.

또 프랑스의 시인 빅토르 위고는 "영국이 세계적인 나라가 된 것은 하나님의 말씀에 있다"라고 했습니다.

그렇습니다. 성경은 인간에게 내려 주신 가장 위대한 축복입니다. 독일을 최고의 민족이 되게 했고 영국을 세계적인 나라로 만든 것도 하나님의 말씀 때문입니다. 그러므로 신앙인이라면 말씀 듣는 바른 자세를 가져야 합니다.

① 말씀을 소중히 여겨야 합니다.
② 말씀을 사모하며 들어야 합니다.
③ 말씀을 순종하는 마음으로 들어야 합니다.

12절에 "살아 있고"라는 말씀은 살아서 지금 역사한다는 뜻입니다. 아무리 좋은 책도 한두 번 읽으면 그만인데 성경 말씀은 읽으면 읽을수록 맛이 납니다. 그 이유가 무엇일까요? 살아 있는 말씀이기 때문입니다.

조지 피바디라는 미국의 신본주의 신학자가 사무실의 소년에게 성경책을 가져오라고 했습니다. 그 소년은 성경책을 들고 오다가 땅에 떨어뜨리고 말았습니다. 그때 피바디는 "애야, 성경을 소중히 여겨라. 지금은 네가 성경책을 들고 다니지만 네가 늙으면 성경이 너를 데리고 다닐 것이다"라고 했습니다.

우리가 성경을 들고 다닌다고 생각합니다. 아닙니다. 성경에 삶의 뿌리를 내리고 그 말씀에 나를 비추어 보고 날마다 살아가면 이후에 성경이 삶을 이끌어 갈 줄 믿으시기 바랍니다.

성경을 읽는 사람들과 듣는 사람들과 성경 말씀대로 순종하는 사람들에게 성경말씀은 감동시키고 변화시키는 능력이 있습니다. 말씀은 살아 있는 말씀이라는 사실을 믿으시길 축원합니다.

2. 활력이 있어(12절 중반절)

활력이란 말을 개혁 성경에는 "운동력"이라고 번역했습니다. 활력이 있다는 것은 능력이 있다는 것입니다. 성경말씀은 능력이 있습니다. 나를 고치고, 살리고, 소성케 하는 능력이 말씀에 있습니다.

성경에 들어간 나라마다 변화의 역사가 일어났습니다. 우리나라는 1884년에 기독교가 들어왔습니다. 기독교가 들어오면서 성경이 번역되었습니다. 그러자 문맹자들의 눈이 뜨이게 되었습니다. 집안에만 갇혀 살던 여인들이 자유를 얻었습니다. 천민들이 해방되고, 신문화가 싹 트기 시작했습니다. 이런 현상은 우리나라만이 아닙니다. 세계 여러 나라에도 비슷한 양상을 가져왔습니다. 무엇보다 기독교가 들어가고 말씀이 들어 가면 사람들이 변했습니다.

어느 날 유명한 무신론자 잉거솔이 같은 무신론자인 친구 월레스에게 성경은 터무니없는 거짓말투성이요, 마약과 같은 책이며 기독교는 엉터리라는 것을 내용으로 하는 기독교 반대 서를 써보라고 권면했습니다.

월레스도 같은 생각을 하고 있었기 때문에 한번 써보고 싶었습니다. 그러나 그런 책을 쓰려면 먼저 기독교를 알아야 하고, 또 성경이 어떤 책인가를 알아야 했습니다. 그래서 그는 성경을 읽기 시작했습니다. 성경을 읽으면서 그는 생각이 점점 변하기 시작했습니다. 그러다가 성경에 감화를 받게 되고, 회개하게 되었습니다. 그래서 기독교를 반대하려는 책을 쓰려다가 회개하고 예수의 생애를 담은 그 유명한 '벤허'라는 소설을 쓰게 되었습니다.

세상에는 수많은 책이 있습니다. 책을 보면 인생의 지혜를 얻을 수 있습니다. 그러나 성경책은 인생의 길만 제시하는 것이 아닙니다. 영혼의 길을 보여 줍니다. 구원의 길을 가르쳐 줍니다. 그렇다면 말씀에는 어떤 능력이 있습니까?

① 구원하는 능력입니다.

디모데후서 3장 15절을 보면 "또 네가 어려서부터 성경을 알았나니 성경은 능히 너로 하여금 그리스도 예수 안에 있는 믿음으로 말미암아 구원에 이르는 지혜가 있느니라"고 했습니다.

② 성장케 하는 능력입니다.

디모데후서 3장 16절에 "모든 성경은 하나님의 감동으로 된

회복은 생명입니다(上)

것으로 교훈과 책망과 바르게 함과 의로 교육하기에 유익하니"
라고 했습니다. 성경은 하나님의 감동으로 기록된 말씀이기 때
문에 영적인 존재인 인간에게 최고의 교재입니다. 성경은 영의
양식입니다. 육신은 땅에서 난 재료로 만든 음식을 먹어야 자
라고, 정신은 좋은 책이나 음악이나 예술 같은 교양을 먹어야
자랍니다. 그렇다면 우리의 영은 어떻게 해야 성장합니까? 성
경 말씀을 먹을 때 믿음이 자라고, 영력이 강해져서 능력 있는
성도가 됩니다.

③ 온전케 하는 능력이 있습니다.

디모데후서 3장 17절을 보면 "이는 하나님의 사람으로 온전
케 하며 모든 선한 일을 행하기에 온전케 하려 함이니라"고 했
습니다. 온전케 하는 능력, 다시 말하면 완전케 하는 능력이 말
씀에 있습니다. 이것이 가능한 이유는 하나님의 말씀인 성경은
완전하기 때문입니다.

일주일 내내 한 번도 성경말씀을 접하지 않다가 주일에 교회
에 와서 30분 정도 말씀을 듣습니다. 이것으로 신앙을 유지하
려고 합니다. 그것도 설교를 들으면서 딴생각합니다. 졸기도 합
니다. 이렇게 신앙생활하면 10년 아니 20년이 가도 믿음이 자
라지 않습니다. 변화가 없습니다. 말씀을 듣고, 순종하므로 능
력 있는 삶을 사시기로 축원합니다.

3. 판단하나니

12절 하반절을 보면 "또 마음의 생각과 뜻을 판단하나니"라고 했습니다. 하나님의 말씀은 우리 마음의 생각과 뜻을 판단합니다. 그러므로 말씀 앞에 숨길 것이 없습니다.

지은 것이 하나도 그 앞에 나타나지 않음이 없습니다. 우리의 결산을 받으실 이의 눈앞에 만물이 벌거벗은 것 같이 드러나게 됩니다. 하나님께서 우리를 얼마나 소상하게 알고 계시는지 마태복음 10장 30절을 보면 "너희의 머리털까지 다 세신 바 되었나니"라고 했습니다. 이 말은 하나님 앞에는 작은 것이 없다는 것이고, 죄라도 용납하지 않으신다는 것이고, 작은 선행도 갚아 주신다는 말씀입니다.

그러므로 하나님께서 죄를 책망하실 때는 "어찌할꼬"하는 심정으로 회개하게 됩니다. 누구든지, 어떤 죄라도 회개하면 용서받습니다. 그러나 말씀의 책망을 받고도 계속 죄 가운데 살면 하나님의 후속 조치가 따르게 됩니다.

여러분, 하나님은 여러분을 감시하시고 살피십니다. 머리털까지 다 세시는 하나님, 마음과 심장을 보시고 행위대로 갚으시는 하나님이라는 말씀입니다.

사무엘이 이새의 아들 가운데서 기름을 부어 이스라엘의 왕으로 삼으라는 명을 받고 베들레헴에 갔을 때 키가 크고 용모가 잘생긴 이새의 맏아들 엘리압이 왔습니다. 사무엘이 척 보니 아주 잘 생겼습니다. 틀림없이 이 사람이 왕이 될 것이라고 생각했습니다. 그때 하나님께서 사무엘에게 말씀하십니다.

"외모와 신장을 보지 말아라. 나는 이미 이 사람을 버렸노라."

하나님이 보시는 것과 사람들이 보는 것은 다릅니다. 하나님은 중심을 보시고 사람들은 외모를 봅니다. 하나님은 우리의 행동을 보시는 것이 아니라 그 행동의 배후에 숨은 동기를 보십니다.

사람의 마음속 깊은 곳에는 그 사람의 욕망, 그 사람의 야심이 숨겨져 있습니다. 하나님은 그것까지 판단하십니다. 사람들은 마음의 담을 쌓고 문을 꼭 닫고 누가 내 마음을 알겠는가 합니다. 사실 사람은 사람을 모릅니다. 열 길 물속은 알아도 한 길 사람의 마음은 모릅니다.

그러나 하나님은 보십니다. 알고 계십니다. 그래서 하나님의 눈은 피할 수 없습니다. 숨길 수도 없습니다. 하나님 앞에는 비밀도 없습니다. 그래서 시편기자는 "내가 주의 신을 떠나 어디로 가며 주의 앞에서 어디로 피하리이까 내가 하늘에 올라갈지라도 거기 계시며 음부에 내 자리를 펼지라도 거기 계시니이다"(시편 139편)라고 하셨습니다.

성도 여러분에게 하나님의 말씀은 어떤 위치에 있습니까? 모든 일에 말씀을 기준으로 삼고 사시기 바랍니다. "하나님의 말씀은 살아 있고, 활력이 있어 좌우에 날선 어떤 검보다도 예리하여 혼과 영과 및 관절과 골수를 찔러 쪼개기까지 하며 또 마음의 생각과 뜻을 판단하나니"라고 했습니다.

말씀을 삶 속에서 회복하셔서 이런 능력을 체험하고 사시길 축원합니다.

회복은 생명입니다(上)

14

믿음

"백성이 이 율법을 듣고 곧 섞인 무리를 이스라엘 가운데에서 모두 분리하였느니라 이전에 우리 하나님의 전의 방을 맡은 제사장 엘리아십이 도비야와 연락이 있었으므로 도비야를 위하여 한 큰 방을 만들었으니 그 방은 원래 소제물과 유향과 그릇과 또 레위 사람들과 노래하는 자들과 문지기들에게 십일조로 주는 곡물과 새 포도주와 기름과 또 제사장들에게 주는 거제물을 두는 곳이라 그때에는 내가 예루살렘에 있지 아니하였느니라 바벨론 왕 아닥사스다 삼십이년에 내가 왕에게 나아갔다가 며칠 후에 왕에게 말미를 청하고 예루살렘에 이르러서야 엘리아십이 도비야를 위하여 하나님의 전 뜰에 방을 만든 악한 일을 안지라 내가 심히 근심하여 도비야의 세간을 그 방 밖으로 다 내어 던지고 명령하여 그 방을 정결하게 하고 하나님의 전의 그릇과 소제물과 유향을 다시 그리로 들여놓았느니라 내가 또 알아본즉 레위 사람들이 받을 몫을 주지 아니하였으므로 그 직무를 행하는 레위 사람들과 노래하는 자들이 각각 자기 밭으로 도망하였기로 내가 모든 민장들을 꾸짖어 이르기를 하나님의 전이 어찌하여 버린 바 되었느냐 하고 곧 레위 사람을 불

러 모아 다시 제자리에 세웠더니 이에 온 유다가 곡식과 새 포
도주와 기름의 십일조를 가져다가 곳간에 들이므로 내가 제사
장 셀레먀와 서기관 사독과 레위 사람 브다야를 창고지기로 삼
고 맛다냐의 손자 삭굴의 아들 하난을 버금으로 삼았나니 이는
그들이 충직한 자로 인정됨이라 그 직분은 형제들에게 분배하
는 일이었느니라"(느 13:3~13).

"차라투스트라는 이렇게 말했다"라는 책은 독일의 시인이며
철학자인 니체의 대표작입니다. 이 책에 니체의 사상을 전부 집
약해 놓았다는 점에서 니체 철학의 전부라고 할 수 있습니다.

니체는 이 책에서 "신은 죽었다"라는 글을 썼습니다. 그러자
유럽교회 특히 독일의 교회들이 들고 일어나 항의하고 항변했
습니다. 그러자 니체는 한술 더 떠서 "신은 죽었다. 내가 신이
죽은 것을 증명하겠다"라고 하자 교회들이 너도나도 니체에게
신이 죽은 것을 증명하라고 압박했습니다.

이때 니체가 증거물로 제시한 것이 무엇인지 아십니까? 교
회와 성직자와 성도들이었다는 것입니다. 교회를 보니 신은 죽
었고, 성직자들의 타락을 보니 신은 죽었고, 하나님보다 세상
을 더 귀히 여기는 성도, 죄에 대한 감각을 잃어버린 성도를 보
면 신이 죽은 것이 틀림없다고 했습니다. 현대를 사는 사람들
은 니체보다 더 심한 말들을 하고 있습니다.

회복은 생명입니다(上)

"하나님은 죽은 게 아니라 미쳤다. 미치지 않았다면 처음부터 하나님은 없는 게 맞다. 교회와 성도를 보라. 하나님이 미쳤으니, 교회도 성도도 미쳤다. 하나님이 있다면 저럴 수가 없다."

하나님은 처음부터 없다고 하는 시대를 우리는 살고 있습니다. 이런 때 교회와 성도가 할 일은 하나님은 지금도 살아 계시고, 우주 만물과 역사를 주장하고 계심을 증명하고 살아야 합니다.

은행나무집인데 은행나무는 없고 황토에 구운 오리만 팔면 이상하지 않습니까? 공주 쪽에 가면 감나무집이 있습니다. 그런데 감나무는 없고 메밀막국수, 메밀콩국수, 순두부전골 같은 것만 팝니다. 빵집에는 빵이 있고, 고깃집에는 고기가 있는 것은 당연합니다. 은행이 없는 은행나무집, 감이 없는 감나무집, 빵이 없는 빵집, 고기가 없는 고깃집은 이상합니다.

무엇보다 교회에 복음이 없고, 예수님이 안 계시다면 세상의 웃음거리, 조롱거리가 되고 맙니다. 예수 믿는 신앙인들에게 예수의 향기가 나지 않고 세상적인 악취만 풍긴다면 사람들이 뭐라고 하겠습니까?

하나님은 사랑이십니다. 그래서 세상을 이처럼 사랑하셨습니다. 독생자를 세상에 보내셔서 십자가에서 대속의 죽음을 당하게 하심은 우리를 구원한 사랑입니다. 그 사랑에 보답해야 할 우리는 믿음으로 반응해야 합니다.

하나님의 사랑과 대속적인 죽으심과 부활과 재림을 믿어야 합니다. 믿음은 파도타기와 같다고 했습니다. 파도는 올라갔다 내려갔다 합니다. 파도가 심해지면 사람들은 두려워합니다. 파도를 피합니다. 그러나 "서퍼"들은 파도타기를 즐깁니다.

파도만 올라갔다 내려갔다를 반복하는 것이 아니라 믿음도 올라갈 때가 있고 내려갈 때가 있습니다. 믿음이 올라갈 때는 감사합니다. 감격합니다. 그러다가 믿음이 내려가면 원망, 불평을 토로합니다. 이스라엘 백성들이 그랬고, 베드로가 그랬고, 대부분의 신앙인은 이런 경험을 했습니다.

문제는 믿음이 내려갔을 때 주저앉은 사람들이 있습니다. 회복을 못 하는 사람들이 있습니다. 가룟 유다와 데마와 알렉산더 같은 사람들은 믿음을 회복하지 못했습니다. 가룟 유다는 배신자가 되었고, 데마는 바울이나 예수님보다 세상을 사랑하여 바울과 예수님을 버렸습니다. 알렉산더 같은 사람은 바울에게 해를 입혔습니다.

우리 교회는 말할 것도 없고, 모든 교회가 코로나19 팬데믹 속에서 믿음이 많이 떨어졌습니다. 떨어진 것보다 더 중요한 것은 회복하는 것입니다. 떨어진 믿음을 회복하면 그래도 희망이 있지만, 회복하지 못하면 떨어진 사람뿐만 아니라 한국교회도 희망이 없습니다.

우리 개인과 교회와 한국교회가 코로나19 팬데믹 속에서 떨어진 믿음을 회복할 수 있는 방법을 말씀드릴 때 은혜받으시고 믿음을 회복하시기를 축복합니다.

1. 이 백성이 이 율법을 듣고

3절 말씀을 보면 "이 백성이 이 율법을 듣고 곧 섞인 무리를 이스라엘 가운데에서 모두 분리하였느니라"고 하였습니다.

1절 말씀을 보면 "그날에 모세의 책을 낭독하여 백성에게 들렸는데"라고 했고, 3절에서는 "이 백성이 이 율법을 듣고"라고 했습니다.

모세의 책이나 율법은 모세오경입니다. 하나님의 말씀입니다. 이스라엘 백성들뿐이 아니고 현대를 살아가는 신앙인들이 하나님과 멀어지고 믿음이 떨어지는 이유는 그들의 삶이 하나님과 말씀과 멀어졌기 때문입니다.

히브리서 4장 12절을 보면 "하나님의 말씀은 살아 있고 활력이 있어 좌우에 날선 어떤 검보다도 예리하여 혼과 영과 및 관절과 골수를 찔러 쪼개기까지 하며 또 마음의 생각과 뜻을 판단하나니"라고 했습니다.

그렇습니다. 하나님의 말씀은 우리의 심령을 변화시키는 능력과 삶의 방향을 제시하는 능력이 있습니다. 예수님을 따르다가 낙심하여 엠마오로 내려가던 사람들이 다시 예루살렘으로 올라가게 된 것도 예수님의 말씀, 하나님의 말씀의 능력입니다.

그러므로 신앙인에게 무엇보다 중요한 것은 하나님의 말씀입니다. 말씀을 들어야 합니다. 로마서 10장 17절을 보면 "그러므로 믿음은 들음에서 나며 들음은 그리스도의 말씀으로 말미암았느니라"고 하였습니다.

말씀을 듣기 위해서는 예배 시간마다 꼭 참석해야 합니다. 성수 주일해야 합니다. 모든 예배순서에 정성을 기울이고 믿음으로 예배드리고 설교를 들을 때는 하나님의 말씀으로 받고 그 말씀대로 실천해야 합니다. 청각적으로 듣는 것만으로 끝내면 안 됩니다. 반드시 순종으로 열매를 맺어야 합니다.

할렐루야교회 김승규 장로님에 대한 글을 읽은 적이 있습니다. 김 장로님은 검사 출신으로 법무부 장관과 국정원장을 지내신 분입니다. 검사장 시절 기독교 교도소인 소망교도소 설립을 위해 헌신하셨고 인터넷 전임 사역자 8명을 세워 안티 기독교 세력을 차단하는 일을 하셨습니다. 장로님의 지론과 신념은 성경 말씀대로 하나님을 신뢰하고 순종하면 전지전능하신 하나님을 체험하게 된다는 것입니다.

사람들은 대부분 돈을 붙들려고 합니다. 명예를 붙잡으려고 합니다. 그러나 돈 때문에 불행한 사람이 많습니다. 명예로 인해 어려움을 당하는 사람이 많습니다. 그러나 말씀에 순종하면 길이 열립니다. 문제가 해결됩니다.

모세가 죽자, 후계자가 된 여호수아는 200만 명 이상의 백성들을 이끌어야 한다는 생각에 앞이 캄캄했습니다. 참담했습니다. 요단강을 건너고, 여리고 성을 정복해야 합니다. 자기의 능력으로 한계가 있다고 생각할 때 하나님께서 여호수아에게 이렇게 말씀하셨습니다.

"너희 발바닥으로 밟는 곳은 모두 내가 너희에게 주었노니"(수 1:3).

이 말씀을 받고 여호수아는 연약한 자신을 보지 않았습니다. 어렵고 힘든 현실도 보지 않았습니다. 앞으로 어떤 일이 일어날 것에 대한 걱정도 하지 않았습니다. 오직 하나님의 말씀만 의지했습니다.

무슨 일을 만나든지, 어떤 형편에 처하든지 말씀만 듣고 순종하는 것이 믿음 회복의 길입니다. 하나님의 말씀에 순종하는 것을 최우선 순위로 두시고 항상 믿음을 회복하고 사시기를 축원합니다.

2. 도비야의 세간을 그 방 밖으로 다 내어 던지고

8절을 보면 "내가 심히 근심하여 도비야의 세간을 그 방 밖으로 다 내어 던지고"라고 하였습니다.

성벽을 재건하고 낙성식을 한 느헤미야는 페르시아의 아닥사스다 왕과의 약속을 지키기 위해 페르시아 수산 궁으로 돌아갔습니다. 그는 왕의 술맡은 관원으로서(느 1:11) 기득권을 누리며 이방 문화와 우상숭배에 빠질 수도 있었지만 그렇지 않았습니다.

애국적이고(느 1:14), 기도에 힘을 썼습니다(느 1:5~11). 굳센 믿음을 가진 사람(느 2:17~20)으로서 청렴결백한(느 5:14~19) 하나님의 사람답게 살았습니다.

그런데 문제가 생겼습니다. 성벽 낙성식 때 성경 말씀을 듣고 신앙이 재건되어 믿음으로 살던 백성들이 세월이 흘러 타락의 길을 걸었습니다. 느헤미야가 예루살렘에 없는 동안에 하나님의 성전의 방을 대제사장 엘리아십이 이방 사람 도비야에게 내어 주었습니다.

도비야가 어떤 사람입니까? 암몬 사람입니다. 유대인이 아닙니다. 이방 사람입니다. 이런 사람에게 성전의 큰 방을 내주고 거주하게 한 것은 하나님을 모독하는 행위입니다. 악한 일입니다.

느헤미야가 예루살렘에 돌아와 도비야의 세간을 방 밖으로

다 내던지고 그 방을 정결하게 하고 하나님의 전에 그릇과 소제물과 유향을 다시 그리로 들여놓게 했습니다.

성도의 몸은 성령의 전입니다. 그러므로 악한 일은 중단해야 합니다. 우리의 몸에 있는 더럽고, 지저분하고, 악한 것은 다 던져 버려야 합니다. 우리의 몸이 성령의 전인 것을 믿고 정결하고 깨끗하게 살아야 합니다.

무엇보다 회개하는 일에 열심이어야 합니다. 예수님도 성전에 들어가셔서 채찍을 휘두르면서 성전을 정화하셨습니다. 신앙인이면 반드시 자신의 몸을 정결케 해야 합니다. 성령께서 거하시는 성전이기 때문입니다.

마음의 성전이 세워지면 그 성전은 정결합니다. 중생하면 알고서 품는 죄는 없습니다. 알고서 품는 부도덕함도 없습니다. 마음의 성전이 귀하고 소중한 것들로 지어져도 주변에는 흉한 것들이 있습니다. 그것이 무엇입니까? 육체입니다. 육체는 이기적인 본성을 가지고 있습니다. 우리의 마음의 성전도 타락한 본성에 세워져 있습니다.

그러므로 육체의 죄 된 본능을 잘 처리해야 합니다. 정결을 유지해야 합니다. 정결을 유지하는 방법을 바울은 고린도전서 10장 31절에서 이렇게 말씀합니다.

"그런즉 너희가 먹든지 마시든지 무엇을 하든지 다 하나님의 영광을 위하여 하라.”

　토요일마다 교회 나오셔서 교회를 깨끗하게 청소하시는 분들이 있어서 주일 예배를 깨끗한 분위기 속에서 드립니다. 교회도 깨끗해야 하지만 우리 각자의 심령도 깨끗하게 해야 합니다.
　느헤미야가 기도한 후 도비야와 엘리아십을 과감하게 축출한 것처럼 여러분 가운데 있는 더럽고 지저분한 죄악을 과감하게 던져 버리시기를 축원합니다.

3. 각기 자기 밭으로 도망하였기로

　10절을 보면 “내가 또 알아본즉 레위 사람들이 받을 몫을 주지 아니하였으므로 그 직무를 행하는 레위 사람들과 노래하는 자들이 각각 자기 밭으로 도망하였기로”라고 했습니다.
　엘리아십과 도비야를 축출하므로 성전이 정화되는 것처럼 보였습니다. 그러나 레위인들과 찬양대원들이 성전 직무를 버리고 밭으로 도망가고 말았습니다. 그 이유는 성직을 감당하면서 받을 몫을 제대로 주지 않았기 때문입니다.
　이때 느헤미야는 모든 관리들을 꾸짖고 제 자리에 세웠습니다. 성직을 회복시켜 사역을 감당케 한 것입니다. 목회자들만이 아니고 평신도들도 자신의 직분이 소중하다는 것을 알아야 합니다. 그리고 그 직분에 성실해야 합니다.

강영우 박사는 미국 백악관 국가 장애 위원회 정책 차관보를 지낸 인물입니다. 그는 10대 시절 사고로 실명을 하고 가난과 장애의 고통 속에서도 연세대학교 교육학과를 졸업했습니다. 미국으로 유학을 가서 교육학 석사, 심리학 석사, 교육학 박사 학위를 받았습니다.

그가 받은 박사학위는 한국인 최초의 시각장애인 박사입니다. 이분의 성공 가운데 가장 큰 성공은 두 아들 교육의 성공입니다. 큰아들은 하바드 대학을 졸업하고 안과의사로 조지타운 대학교의 안과학 교수이고, 둘째 아들은 듀크대 로스쿨에서 법학박사학위를 받고 미국 정계에서 법률보좌관으로 일하는 변호사입니다.

강영우 박사는 자녀 교육에 성공한 이유로 '신앙의 명문가'를 이루기 위해 기도하며 노력했기 때문이라면서 아들들에게 이런 말을 해 주었다고 합니다.

"너희들은 하나님의 섭리 가운데 태어난 거야. 하나님은 사람들 각자가 이 세상에서 성취해야 할 독특한 사명과 목적을 가지고 태어나게 하신단다. 그러니 미래에 대한 희망을 가지고 기대해 봐라."

그렇습니다. 믿음이 있는 사람이라면 자기가 맡은 직분의 소중함을 압니다. 그 직분이 성직임을 고백합니다. 목사나 선교사나 전도사만 성직이 아닙니다. 하나님께서 맡겨 주신 모든 일과 직분은 성직입니다. 자신이 맡은 직분이 성직임을 고백한다면 성직을 버리고 밖으로 도망하지 않을 것입니다. 개인적으로나 교회적으로도 회복해야 될 것이 많지만 가장 중요한 것은 영적인 것이고 직분에 대한 것입니다.

솔제니친이 1978년 노벨평화상을 받고 하버드대학에서 연설하면서 이렇게 말했습니다.

"우리는 그동안 정치적 개혁, 사회적 개혁에 많은 기대를 해 왔습니다. 그러나 깨달은 것은 영적 개혁이 필요하다는 것입니다. 영적 불길을 다시 일으켜야 합니다."

코로나19 팬데믹으로 한국교회와 교인들이 흔들리고 있습니다. 이럴 때 무엇보다 중요한 것은 믿음을 회복시키는 것입니다. 믿음의 회복을 위해서는 말씀을 듣고 순종하고 이방 문화를 던져 버리고 성직을 회복하는 것입니다. 자신의 믿음을 점검하고 회복하시길 축원합니다.

15

비전

"묵시가 없으면 백성이 방자히 행하거니와 율법을 지키는 자는 복이 있느니라 좋은 말로만 하면 고치지 아니하나니 이는 그가 알고도 따르지 아니함이니라 네가 말이 조급한 사람을 보느냐 그보다 미련한 자에게 오히려 희망이 있느니라 종을 어렸을 때부터 곱게 양육하면 그가 나중에는 자식인 체하리라 노하는 자는 다툼을 일으키고 성내는 자는 범죄함이 많으니라 사람이 교만하면 낮아지게 되겠고 마음이 겸손하면 영예를 얻으리라"(잠 29:18~23).

인도양의 모리셔스라는 섬은 신혼여행지로 지상 최고의 낙원으로 꼽히는 섬 가운데 하나입니다. 1506년에 이 섬에서 도우도우새가 발견되었는데 174년 만인 1680년에는 도우도우새는 멸종되고 말았습니다. 그 원인을 연구해 본 결과 도우도우새는 순했고, 적도 없었으며 날지를 못했습니다.

비전은 사람을 날게 합니다. 그러나 비전이 없는 사람은 도우도우새처럼 도태될 수 있습니다. 원대한 비전은 사람들에게 동기부여가 되어 더욱 부지런한 삶을 살게 합니다. 큰 비전을 품고 살아가는 사람의 특징을 살펴보면 대부분 '나에게는 불가능이 없다'라는 생각을 가지고 있습니다. 그러므로 사람이라면 누구든지 비전을 가지고 살아야 합니다. 꿈을 가지고 살아야 합니다.

미국의 40대 대통령이었던 레이건은 어린 시절 매우 가난한 환경에서 자랐습니다. 돈 못 버는 구두 외판원이었던 아버지의 수입은 먹성 좋은 두 아들들 밥 먹이기에도 부족했기에 어머니는 정육점에 가서 집에 있는 고양이 먹이로 주려고 한다고 하면서 버리는 소간을 달라고 해서 아이들에게 고기 맛을 보여 줄 수 있었다고 합니다.

레이건이 어렸을 때 숙모가 구두를 맞추어 주려고 구두 가게에 갔습니다. 구두 가게 아저씨가 레이건에게 구두 앞 끝이 각진 것이 좋은지, 둥글둥글한 것이 좋은 지 물었습니다. 레이건이 결정을 못 하고 머뭇거리자, 아저씨는 5일 후에 한쪽 구두는 앞 끝이 각 지게, 다른 쪽 구두의 앞 끝은 둥글둥글하게 구두를 만들어 놓았습니다. 이렇게 만들어 놓은 구두를 보고 레이건이 울상을 짓자, 아저씨는 이렇게 말했습니다.

"너의 일을 네가 결정하지 못하니 내가 결정했다."

회복은 생명입니다(上)

이때부터 레이건은 꿈을 가지고 내 일생을 내가 결정하고, 개척해 나가겠다고 결심했다고 합니다. 그래서 대통령이 되기까지 꿈을 잃지 않았다고 합니다.

목수에게는 망치가 있어야 하고, 화가에게는 붓이, 음악가에게는 악기가 있어야 하고, 사냥꾼에게는 총이 있어야 하는 것처럼 모든 사람에게는 비전이 있어야 합니다. 비전이 있는 사람은 추진력과 생산력과 창조력이 있습니다. 꿈이 있는 사람은 힘들게 뛰어도 지치지 않습니다.

그러나 꿈이 없는 사람, 비전이 없는 사람은 일을 시작하기가 쉽지 않습니다. 시작한다고 해도 쉽게 포기합니다. 타락하기 쉽고 쉽게 무너지고 맙니다. 비전이 있는 사람, 꿈이 있는 사람은 난관이 있어도 극복합니다. 장애가 있어도 뛰어넘습니다.

헨리 포드(Henry Ford)는 자동차 왕으로 미국 자동차 회사 '포드'의 설립자입니다. 그는 농촌 출신으로 16살 때 디트로이트로 가서 유명한 에디슨이 세운 회사에서 직공으로 일을 했습니다. 열심히 일한 결과 인정받는 사람이 되었습니다. 포드에게 에디슨을 만날 기회가 찾아왔습니다. 포드는 에디슨에게 질문을 한다고 하면서 이렇게 말했습니다.

"가솔린이 기계를 돌릴 수 있는 힘을 낼 수 있습니까?"

그러자 에디슨은 생각하지도 않고 "그렇소"라고 대답했습니다. 포드는 에디슨의 이 한마디 대답에 할 수 있다는 확신으로 자동차 엔진을 만들기 시작했습니다. 3년이나 노력했지만 실패였고, 5년, 7년, 8년 동안 노력해도 계속 실패했습니다. 결국, 13년 만에 포드는 자동차 엔진을 만드는데 성공했습니다.

비전이 있는 사람은 실패해도 좌절하지 않습니다. 좌절을 딛고 일어서서 전진합니다. 바울도 세계 선교의 비전이 있었기에 매를 맞고, 돌에 맞고, 배가 파선해도 좌절하지 않고 목표를 향해 나아간 것입니다.

꿈을 성취하기 위해서는 ① 정확한 시간 ② 올바른 사고 ③ 신앙적 언어 ④ 확실한 믿음이 있어야 합니다. 비전이라는 것, 꿈이라는 것은 하나님이 주신 것입니다. 비전을 가지면 사명감을 갖게 되고, 그것을 성취할 수 있는 힘을 하나님께서 주십니다.

성도 여러분, 사람들은 환경을 핑계 삼고, 나이를 말하지만, 아닙니다. 하나님께서 함께 하시면 능치 못함이 없습니다. 비전을 가지고 성취하는 성도가 되시고 어떻게 하면 비전을, 꿈을 성취할 것인가를 본문을 통해서 말씀드릴 때 은혜 받으시고 비전을 성취하며 사는 성도가 되시길 축원합니다.

회복은 생명입니다(上)

1. 말이 조급한 사람을 보느냐?

20절을 보면 "네가 말이 조급한 사람을 보느냐 그보다 미련한 자에게 오히려 희망이 있느니라"고 하였습니다. 사람들이 조급해지는 이유는 환난을 당하거나, 분노하거나 말씀을 순종하지 않기 때문입니다.

조급하면 ① 후회하게 됩니다(욥6:3). ② 궁핍하게 됩니다(잠 21:5). ③ 어리석게 됩니다(잠 14:29). ④ 그릇 행하게 됩니다(잠 19:2).

그리고 미련하면 아래의 것들을 가지게 됩니다

① 판단력 결핍

② 무절제한 기질(잠 14:29)

③ 양심상 결함(잠 10:23)

④ 마음이 둔함(눅 24:25)

⑤ 지식이 없음(잠10:21)

말이 조급한 사람이나 미련한 사람은 비전이 없는 사람입니다. 말이 조급하거나 성질이 너무 급하면 꿈을 성취할 수 없습니다.

우리나라 사람들은 빠른 것을 추구합니다. 그래서 인터넷도 빠르고, 은행이나 관공서의 행정처리도 빠르고 서비스도 빠릅니다. 빠른 것과 조급한 것은 다릅니다. 조급함은 속임수와 꼼수를 낳습니다. 조급한 사람들은 남들과 의논하지 않습니다. 조급함의 근거는 믿음 없음입니다. 그렇다고 게으름을 피우라는 것이 아닙니다.

아무리 급해도 하나님을 의지하고 기도할 시간은 가져야 합니다. 때는 하나님께서 주관하십니다. 말이나 일을 조급하게 처리하는 사람은 미련한 사람입니다. 이런 사람은 비전이 없습니다. 희망도 없습니다. 조급함은 하나님 앞에서 불신앙의 요소입니다. 조급하다고 문제가 해결되는 것은 아닙니다.

예수님의 오심을 기다린 시므온과 안나의 인내를 배워야 합니다. 사울은 조급하여 사무엘을 기다리지 못하고 자신이 제사를 강행함으로 하나님 앞에 큰 죄를 지었습니다. 기독교 역사는 기다림의 역사입니다.

모세는 가나안 땅에 들어가고 싶었지만, 가나안 땅을 바라보기만 하고 느보산에서 그의 사명을 마감했습니다. 다윗은 성전을 짓고 싶었습니다. 그러나 꿈은 솔로몬이 성취했습니다.

조급하면 불평하게 됩니다. 불신앙에 사로잡히게 됩니다. 조급하지 않기 위해서는 성실하고, 하나님께 맡기라고 시편 37편에서 말씀합니다.

한국의 전쟁고아로 구성된 선명회합창단은 지금은 월드비전 합창단이라고 하는데 1960년에 시작된 합창단입니다. 선명

회합창단이 미국의 카네기 홀에서 공연을 했는데 관람객이 입추의 여지 없이 모였습니다. 합창은 앵콜을 세 번씩이나 받으며 박수갈채 속에서 끝났습니다. 막이 내리고 단원들이 퇴장할 때 지휘자가 보니 맨 앞줄에 선 꼬마 단원이 걸음걸이가 이상했습니다.

"너 걸음걸이가 왜 그래?"
"오줌을 쌌어요."
"아니, 너 여기가 어디라고 오줌을 싸니? 오줌이 마려우면 살짝 화장실에 갈 것이지 이런 망신이 어디 있어? 국제적인 망신이다."

지휘자는 발을 동동 굴렀습니다. 고개를 푹 숙이고 있던 꼬마 단원이 조용히 말했습니다.

"선생님, 제가 화장실에 가면 앨토파트는 누가 합니까? 엉망이 되잖아요."
지휘자는 꼬마를 꼭 껴안고 울었다고 합니다. 조급하게 말하고, 행동하는 것보다 찬송하고 기도하면서 하나님의 뜻을 찾고, 하나님께서 기뻐하시는 것이 비전 있는 성도의 모습입니다.
조급하지 말고 한 번 더 찬송하고 기도하므로 하나님의 뜻

을 찾고 실수를 줄이고 비전을 성취하는 성도들 되시길 축원
합니다.

2. 노하는 자는 다툼을 일으키고

22절을 보면 "노하는 자는 다툼을 일으키고 성내는 자는 범
죄함이 많으니라"고 하였습니다.

현대인들의 삶에 가장 많은 영향력을 끼치는 감정이 있다면
그것은 분노입니다. 분노의 감정이 높아지고 그 힘이 강력해질
수록 우리는 어리석은 선택과 판단을 하게 됩니다. 최악의 경
우 자기 자신을 제어하지 못하게 됩니다. 그래서 미워하고, 때
리고, 던지고, 싸우고, 죽이는 결과를 내고 마는 것입니다.

미국에서는 한 해 분노로 인한 총기 사고로 2만 명 이상이 죽
고 있습니다. 분노를 제어하지 못하면 우리는 죄의 사슬에 묶
이게 됩니다. 방울뱀은 코너에 몰리면 너무도 격분한 나머지 자
신을 물어 버린다고 합니다. 분노로 인해 정신이 나가면 사람
도 방울뱀같이 됩니다.

분노는 남만 죽이는 것이 아니라 자기 자신까지 다치게 합니
다. 죽게 만듭니다. 비아 코튼 박사팀이 뇌졸중 환자를 대상으
로 조사한 결과 상당수가 뇌졸중 발생 2시간 전에 크게 화를 낸
일이 있다는 것입니다. 한 번 화를 내는 순간 일생이 그대로 망

가질 수 있다는 것입니다.

두 번째 증상은 심장입니다. 화를 내면 심장병에 걸릴 확률이 5배가 높아진다고 합니다. 그래서 러시아의 작가 톨스토이는 "분노는 타인에게도 해롭지만, 그 분노에 휩싸인 자신에게는 더욱 해롭다"라고 했습니다.

사람들이 왜 분노합니까? 심리학자들은 "내가 불공평한 대우를 받았다고 느꼈을 때 속에서 일어나는 정서적인 반응"이라고 정의합니다. 그렇습니다. 자신이 부당한 대우를 받았다고 느낄 대 분노가 일어납니다. 무시를 당했다고 생각될 때 화가 치밀어 옵니다.

자신감을 잃고 있을 때 범사가 잘 돌아가지 않고 있을 때 누군가 한마디 하면 피해의식이 발동하게 됩니다. 이럴 때 분노가 폭발합니다. 그러나 잠언에서는 이럴 때 분노를 더디 하라고 가르치고 있습니다.

잠언 16장을 보면 노하기를 더디 하는 사람은

① 용사보다 나은 자라고 했습니다.
② 크게 명철한 사람이라고 했습니다.
③ 시비를 그치게 하는 사람이라고 했습니다.

분노는 보이지 않지만 남의 마음을 찔러 아프게 합니다. 상하게 하는 독소가 됩니다. 남을 화나게 만듭니다. 결국은 인간 관계에 상처를 주고 공동체를 깨뜨리는 것이 분노입니다. 분노하면 나에게도, 남에게도 상처가 되지만 무엇보다 중요한 것은 마귀가 들어와 내 인생을 실패작으로 만든다는 사실을 잊지 마시기를 바랍니다.

독일의 시인이며 소설가요, 극작가였던 괴테는 인생 교훈으로 다섯 가지를 말했습니다.

① 지나간 일을 쓸데없이 후회하지 말 것
② 될수록 분노하지 말라
③ 현재를 즐기라
④ 남을 미워하지 말라
⑤ 미래를 하나님께 맡기라

알렉산더 대왕은 "내게는 더 이상 정복할 땅이 없다"라고 말할 정도로 전 세계를 정복하는데 성공했던 사람이지만, 자기 절친 클레토스가 만취해 많은 군사들 앞에서 자신을 모욕하는 실수를 범하자, 화가 치밀어 자신의 옆에 있던 군병의 창을 빼앗아 클레토스에게 던졌습니다.

죽이려고 한 것은 아니지만 불행하게도 그 창은 클레토스의 가슴에 명중되어 결국 죽게 되었습니다. 세계를 정복한 알렉산

회복은 생명입니다(上)

더 대왕이지만 분노를 다스리는 데는 실패함으로 큰 불행을 겪은 것입니다.

분노를 다스리면 은혜가 되고, 분노를 절제하지 못하면 불행이 됩니다. 분노를 다스리므로 비전을 성취하고 사는 성도가 되시기를 축원합니다.

3. 교만하면 낮아지게 되겠고

23절을 보면 "사람이 교만하면 낮아지게 되겠고 마음이 겸손하면 영예를 얻으리라"고 하였습니다.

하나님은 교만한 사람을 멀리하시고 겸손한 사람에게 은혜를 베푸십니다. 하나님만 교만한 사람을 싫어하시고 겸손한 사람을 좋아하는 것이 아닙니다. 사람들도 교만하면 싫어하고 겸손하면 좋아합니다.

교만하면 다툼이 일어나고, 소중한 것을 잃게 되고 심판을 받는다고 했습니다. 그러나 겸손하면 영예를 얻습니다. 비전을 성취하는 사람은 교만한 사람이 아니라 겸손한 사람입니다.

세상을 정복하는 것은 사자나 호랑이 같은 맹수라고 생각하지만, 아닙니다. 맹수는 자유가 없습니다. 맹수는 에버랜드나 서울 대공원 같은 곳에 갇혀서 지내고 있지만, 온순한 토끼나 사슴 같은 짐승은 사람들이 키웁니다. 온 산을 활보하고 있습니다. 자유를 누리고 있습니다. 비전을 회복하고 성취하고 살려면 교만을 버리고 겸손해야 합니다.

조선시대 세종 때 우의정과 좌의정을 두루 거친 맹사성이라는 사람은 고려국 양광도 온양 출신입니다. 맹사성은 19세에 장원급제하여 파천 군수로 부임해서 한 고승과 이야기를 나누다가 물었습니다.

"군수로써 지표로 삼을 만한 죄우명은 무엇입니까?" 그러자 고승이 담담하게 대답했습니다. "그것은 나쁜 일을 하지 않고 착한 일만 하는 것입니다."

맹사성은 너무나 당연한 대답을 하는 고승에게 화를 냈지만, 고승은 화를 내는 맹사성에게 아무런 말 없이 찻잔에 차를 따랐습니다.

그런데 찻잔에 차가 흘러넘치게 되었고, 고승의 행동에 더욱 화가 난 맹사성은 말했습니다. "지금 뭐 하는 겁니까? 차가 넘쳐서 바닥을 더럽히고 있습니다." 그러자 고승이 웃으면서 말했습니다. "차가 넘쳐 바닥을 더럽히는 것은 알면서 학식이 넘쳐서 인품을 더럽히는 것은 왜 모르십니까?"

이 말을 듣고 맹사성은 부끄러운 마음에 황급히 방을 나가려다가 출입문 윗부분에 머리를 세게 부딪치고 말았습니다. 아픔과 부끄러움에 어쩔 줄 모르는 맹사성에게 고승이 다시 말했습니다.

"고개를 숙이면 매사에 부딪히는 법이 없지요."

맹사성을 그 일로 깊이 깨달음을 얻고 자만심을 버리고 청백리가 되어 황희와 함께 조선 최고의 재상으로 추앙받는 정승이 되었습니다.

겸손은 지도자가 갖추어야 할 가장 소중한 덕목입니다. 조급함과 분노와 교만은 비전을 성취하는 데 걸림돌입니다. 한 번더 생각하고, 기도하고, 분노를 다스리고 겸손하면 비전을 잃었을지라도 회복하게 됩니다. 비전을 회복하고 사는 성도가 되시길 축원합니다.

16

사랑

"사랑하는 자들아 우리가 서로 사랑하자 사랑은 하나님
께 속한 것이니 사랑하는 자마다 하나님으로부터 나서 하나님
을 알고 사랑하지 아니하는 자는 하나님을 알지 못하나니 이는
하나님은 사랑이심이라 하나님의 사랑이 우리에게 이렇게 나
타난 바 되었으니 하나님이 자기의 독생자를 세상에 보내심은
그로 말미암아 우리를 살리려 하심이라 사랑은 여기 있으니 우
리가 하나님을 사랑한 것이 아니요 하나님이 우리를 사랑하사
우리 죄를 속하기 위하여 화목 제물로 그 아들을 보내셨음이라
사랑하는 자들아 하나님이 이같이 우리를 사랑하셨은즉 우리
도 서로 사랑하는 것이 마땅하도다"(요일 4:7~11).

독일의 어떤 지방에서 끔찍한 범죄가 발생했습니다. 고들스
키라는 청년이 자기 친구들을 모아서 외딴 지역을 돌면서 강도
질을 했습니다. 한 농장에서는 9명을 죽이는 범죄를 저질렀습
니다. 하벨 씨의 농장에는 가장인 하벨 씨를 비롯해 10명의 가

족이 살고 있었습니다. 강도들은 하벨 씨의 가족 10명을 다 죽이려고 했지만, 하벨 씨는 불행 중 다행으로 4발의 총을 맞고도 목숨을 건졌습니다.

고들스키는 체포가 되어 무기징역을 선고받았습니다. 감옥에서 자신의 죄를 뉘우친 고들스키는 20년 만에 모범수로 석방될 기회를 맞았지만, 그가 사회에서 활동할 연고도 없었고 후견인도 없었기 때문에 당국에서는 석방을 보류할 예정이었습니다.

이 소식을 들은 하벨 씨는 자신이 후견인이 되겠다고, 고들스키를 석방시켜 달라고 탄원서를 냈습니다. 탄원서의 마지막에 하벨 씨는 자신이 고들스키를 용서하는 이유를 이렇게 기록했습니다.

"그리스도께서 저의 죄를 위하여 죽으셨고 저를 용서하셨습니다. 저희 가족은 비참한 일을 겪었지만 모두 천국에 갔습니다. 그런데 제가 그 사람을 용서하지 못할 이유가 뭐가 있겠습니까? 일흔 번씩 일곱 번이라도 할 수 있는 용서의 힘은 끊임없는 사랑에서 나옵니다. 다함이 없는 사랑은 나의 힘으로는 할 수 없습니다. 오직 주님이 주신 사랑으로 다른 사람들을 사랑하고 또 용서할 수 있습니다."

목사이면서 카운슬러인 그레이 체프먼(Gray Chapman)은 사랑의 언어 다섯 가지를 말했습니다.

① 인정하는 말
칭찬하는 말이나 인정 그리고 감사의 표현은 사랑을 전달하는 가장 강력한 도구 가운데 하나입니다.

② 함께 하는 시간
연인들 대부분이 애착 상대인 연인이 곁에 없다고 느끼면 불안해지고 안절부절못하지만 반대로 연인이 곁에 있으면 감정적으로 안정됩니다. 연인들이 애착의 과정을 거치면서 가장 먼저 하는 것이 함께 있는 시간을 늘리는 것입니다.

③ 선물
선물을 주고받는 과정에서 서로에 대한 생각이 전달됨을 물론이고 상대방에게 마음을 전할 수 있습니다.

④ 헌신
헌신은 사랑의 필수요소입니다. 사랑하는 사람을 배려하여 그 사람의 어려움을 나누고 함께 책임지는 것은 서로의 마음을 표현하는 가장 좋은 방법 가운데 하나입니다.

회복은 생명입니다(上)

⑤ 신체적 접촉

육체적 접촉은 비언어적으로 감정을 전달할 수 있는 가장 강력한 방법입니다. 손을 잡고, 포옹하고, 머리를 쓰다듬는 등의 접촉은 감정의 생명줄과 같습니다.

인생에서 사랑이 없는 성취는 무의미합니다. 바울은 고린도전서 13장에서 사랑을 가리켜 신앙의 기준이요, 핵심이라고 말하고 있습니다. 사랑이 없다면 사람의 방언이나 천사의 말과 같은 특별한 능력을 갖췄다고 하더라도 요란하게 울리는 징이나 꽹과리에 불과하다는 것입니다.

예언하는 능력이 있어서 모든 비밀과 지식을 알고 산을 옮길 만한 믿음을 가지고 있을지라도 사랑이 없다면 그것은 아무것도 아니라는 것입니다. 내가 가진 모든 소유를 사람들에게 나누어 준다고 해도, 내 몸을 번제물로 희생을 치러도 사랑이 없으면 나에게 아무런 이익이 없는 것입니다. 그러므로 하나님 앞에서는 오직 사랑만이 의미가 있습니다. 고린도전서 13장 13절은 이렇게 마무리하고 있습니다.

"그런즉 믿음 소망 사랑 이 세 가지는 항상 있을 것인데 그 중의 제일은 사랑이라."

1. 서로 사랑하자

7절 상반절을 보면 "사랑하는 자들아 우리가 서롤 사랑하자"라고 했습니다. 사랑에는 네 종류가 있습니다.

① 혈통적인 사랑입니다(스톨게).

아버지가 아들을 사랑하고 어머니가 딸을 사랑하는 것은 혈통적인 사랑입니다. 이 사랑은 본능적인 사랑으로 동물들도 하는 사랑입니다.

② 정욕적인 사랑입니다(애로스).

남녀 간에 좋아하는 육체적인 사랑입니다. 이것도 어느 동물에서나 찾아볼 수 있는 사랑입니다. 동물이나 곤충들도 암컷과 수컷이 서로 좋아하는 것은 자연적 본능입니다.

③ 우정적인 사랑입니다(필리아).

동성 간에 서로 성질이 맞고 사상이 통합되어 교제함에서 오는 우정의 사랑입니다.

④ 거룩한, 무조건적인 사랑(아가페)

원수라도 축복하고 핍박자라도 사랑하는 거룩한 사랑입니다. 이런 사랑은 아무나 할 수 있는 사랑이 아닙니다. 하나님의 사랑이나 예수님의 사랑을 체험한 자만이 할 수 있는 사랑입니다. 손양원 목사님과 스데반 같은 사람이 실천한 사랑입니다. 세상적인 시각에서 보면 아가페 사랑은 손해 보는 사랑입니다.

언더우드와 아펜젤러 선교사는 아가페적인 사랑으로 우리나라에 복음을 전했습니다. 137년 전 언더우드 선교사가 고생을 하며 선교하고 있을 때 미국에 있는 형에게 편지가 왔습니다.

존 언드우드는 미국에서 타자기 회사를 만들어 사업이 크게 번창하고 있었습니다. 편지의 내용은 한국에서 선교하느라 고생하지 말고 미국으로 돌아와 형의 사업을 도와 달라는 것입니다. 그러나 언드우드 선교사는 미국으로 가지 않고 한국에서 선교를 계속했습니다.

세상적으로 보면 큰 손해입니다. 그러나 언드우드는 진심으로 대한민국을 사랑했고, 아가페적인 사랑을 실천한 것입니다.

1902년 아펜젤러 선교사를 태우고 목포로 항해하던 작은 배가 군산 앞바다에서 다른 배와 충돌했습니다. 아펜젤러 선교사는 충분히 구조될 수 있었지만, 어린 여자아이를 구하려 침몰하는 배로 뛰어들어 갔다가 나오지 못하고 말았습니다.

요한복음 15장 13절을 보면 "사람이 친구를 위하여 자기 목숨을 버리면 이보다 더 큰 사랑이 없나니"라고 했습니다. 받을 사랑만 생각하지 말고 아가페 사랑을 실천하시기 바랍니다.

2. 하나님께 속한 것

7절 하반절을 보면 "사랑은 하나님께 속한 것이니"라고 했습니다.

사랑은 하나님께 속했습니다. 그러므로 사랑하지 않으면서 하나님의 자녀라고 말하지 말라는 것입니다. 형제 사랑하는 것을 보고 그 사람이 하나님의 자녀로 거듭났음을 알 수 있다는 것입니다.

"주여"라고 하루에 수십 번 외쳐도, 하나님을 믿는다고 수백 번씩 말해도 아버지 하나님을 닮지 않으면 가짜일 수 있습니다. 사랑은 하나님의 대표적인 속성입니다. 사탄은 우리 마음에 미움을 심으려고 애를 씁니다. 거짓된 사랑을 심어 사랑이 아닌 것을 사랑으로 착각하게 해서 진실된 사랑을 못 하게 합니다.

사람은 누구든지 소속감이 분명해야 합니다. 사람은 하나님께 속하거나 마귀에게 속했습니다. 하나님께 속한 자는 사랑하고, 마귀에게 속한 자는 미워합니다. 모든 인간은 원래 마귀에게 속했습니다. 마귀에게 속한 우리를 하나님께 속한 자로 만드시려고 예수께서 십자가에 달려 죽으셨습니다.

그래서 예수께서 십자가에서 대속의 죽음을 당하신 것을 믿기만 하면 우리는 하나님의 자녀가 됩니다. 마귀의 자녀에서 하나님의 자녀로 소속이 달라집니다. 교회 다니는 사람들은 누구나 자신이 하나님의 자녀라고 말합니다. 하나님의 백성이라고 합니다.

그러나 교회 다닌다고 다 하나님의 자녀가 되고 하나님의 백성이 되는 것이 아닙니다. 어떤 사람이 하나님의 자녀이고, 하나님의 백성이냐를 구분하는 방법이 있습니다. 사랑하는 것을 보면 압니다. 사랑한다고 하면서 사랑하지 아니하면 하나님께 소속된 사람이 아닙니다.

요한일서 4장 20절을 보면 "누구든지 하나님을 사랑하노라 하고 그 형제를 미워하면 이는 거짓말하는 자니 보는 바 그 형제를 사랑하지 아니하는 자는 보지 못하는 바 하나님을 사랑할 수 없느니라"고 했습니다.

우리는 먼저 하나님을 사랑해야 합니다. 그리고 형제를 사랑해야 합니다. 하나님 사랑과 이웃 사랑을 실천해야 합니다. 프랑스의 루이 9세는 마가렛 공주와 결혼할 때 반지에 이런 말을 새겨 공주에게 주었다고 합니다.

"나 루이 9세는 하나님을 사랑하고 프랑스를 사랑하며 마거릿 공주를 사랑한다. 이 사랑의 순서를 떠나서는 아무것도 할 수 없다."

어느 가난한 시골교회의 주일학교에서 '하나님은 사랑'이라는 제목으로 분반공부를 했습니다. 선생님이 한창 설명하고 있는데 한 아이가 손을 들고 이렇게 말했습니다.

"아마 하나님께서는 어떤 사람은 기억하시고 어떤 사람은 잊어버리고 계시는가 봐요. 그러니까 우리와 같은 사람들은 옷도 누더기를 입고 작은 오두막집에서 살게 되지요."

그때 또 다른 아이가 일어섰습니다. 그 아이도 역시 가난하여 헌 누더기를 입고 있었습니다.

"저는 하나님께서 우리들을 모두 기억하고 사랑하신다고 생각해요. 그러니까 우리에게 좋은 부모님을 주시고 행복한 가정을 주신 것이 아니겠어요."

사랑의 하나님은 온 인류가 구원받기를 원하고 계십니다. 누구든지 죄인임을 인정하고 전능하신 하나님 앞에서 회개하면 죄를 용서해 주십니다. 이는 하나님은 사랑이시기 때문입니다.
성도 여러분, 하나님께 속한 자는 사랑하는 사람인 것을 기억하시고 사랑을 실천하며 사시는 성도가 되시길 축원합니다.

3. 하나님을 안다.

7절 하반절을 보면 "사랑하는 자마다 하나님으로부터 나서 하나님을 알고"라고 했습니다.

신앙인이면 대부분 수십 년 하나님을 예배하고 성경을 읽고 성경공부를 하고, 설교를 들어왔기에 하나님을 잘 안다고 생각합니다. 그러나 오랜 신앙생활을 통해서 하나님에 대해서 듣고 배워서 하나님에 대해 지식으로 아는 것과 하나님과 날마다 인격적인 교제를 통해서 경험으로 아는 것은 차이가 있습니다.

어떤 모임에서 한 불신자가 "나도 예수를 믿고 싶은데 하나님이 어떤 분인지 물어본다면 어떻게 설명하겠습니까?"라고 했습니다. 그 모임에 40여 명의 성도들이 있었는데 하나님에 대해 3분 이상 설명하는 사람은 아무도 없었다고 합니다.

그들은 대부분 하나님은 천지를 창조하시고, 인간을 지으시고, 전지전능하시고 무소부재하시며, 선하시고, 자비하시고, 긍휼이 많으시고, 우리를 지극히 사랑하셔서 독생자 예수님을 아끼지 아니하시고 우리의 죄를 위해 십자가에 내어 주신 분 등 대부분 지식으로 아는 하나님에 대한 정보를 말했습니다.

하나님에 대해서 잘 안다고 생각하는데 막상 설명하려고 하면 잘 안 됩니다. 그 이유는 하나님과 마음과 마음을 나누는 인격적인 관계로 살아 오지 못했기 때문입니다. 하나님을 아는 것과 하나님에 대해서 아는 것은 다릅니다.

우리는 부모님이 어떤 분인가를 묻는다면 시간 가는 줄 모르고 설명할 것입니다. 가난하게 살고, 못 배우고, 온갖 고생하며 사신 부모님이라고 자식을 사랑하신 것을 알기에 수억만 금을 준다고 해도 부모님과 바뀔 것은 없다는 것은 압니다. 이것이 안다는 것입니다.

그럼에도 우리는 하나님과 예수님을 얼마나 알고 있습니까? 하나님과 예수님을 바로 안다면 하나님 중심, 예수님 중심으로 살 수밖에 없습니다. 신앙생활한다고 하면서 성수주일을 못 합니다. 십일조를 드리지 못합니다. 맡은 직분에 충성하지 못하는 이유는 하나님과 예수님을 바로 알지 못하기 때문입니다.

성도 여러분, 하나님의 사랑을 회복하시길 축원합니다.

17

사명

"그가 고난 받으신 후에 또한 그들에게 확실한 많은 증거로 친히 살아 계심을 나타내사 사십 일 동안 그들에게 보이시며 하나님 나라의 일을 말씀하시니라 사도와 함께 모이사 그들에게 분부하여 이르시되 예루살렘을 떠나지 말고 내게서 들은바 아버지께서 약속하신 것을 기다리라 요한은 물로 세례를 베풀었으나 너희는 몇 날이 못되어 성령으로 세례를 받으리라 하셨느니라 그들이 모였을 때에 예수께 여쭈어 이르되 주께서 이스라엘 나라를 회복하심이 이 때니이까 하니 이르시되 때와 시기는 아버지께서 자기의 권한에 두셨으니 너희가 알 바 아니요 오직 성령이 너희에게 임하시면 너희가 권능을 받고 예루살렘과 온 유대와 사마리아와 땅 끝까지 이르러 내 증인이 되리라 하시니라"(행 1:3~8).

스위스의 정치가이며 법학자요, 철학자요, 교육 사상가였던 캐리 힐티(Cari Hilty)의 "잠 못 이루는 밤 때문에"라는 책에서 "人間 생애 최고의 날은 자기의 사명을 발견한 날이다"라고 했습니다.

대부분 사람은 소유에서 행복을 찾으려고 합니다. 그래서 많은 돈을 벌려고 합니다. 또 높이 올라가면 행복한 것으로 생각하고 대리는 과장이 되려고 하고, 과장은 부장이 되려고 합니다. 부장은 상무, 상무는 이사, 이사는 대표이사, 사장이 되려고 합니다. 그러나 직급이 올라가고, 수입이 늘어난다고 반드시 행복한 것은 아닙니다.

그래서 사람들은 3M을 알고 살아가면 행복하다고 말합니다. 세 가지 M이랑 ① 좋은 동반자(Mate)를 만나야 행복하다는 것입니다. 학교에서 함께 공부하는 친구, 인생에서 가장 중요한 동반자는 배우자입니다. 배우자를 잘 만나야 행복하다는 것입니다.

② 좋은 스승입니다(Mentor). 좋은 조언자를 만나야 합니다. 김연아 선수가 좋은 재능을 가지고 있었지만 브라이언 코치를 만나기 전까지는 두각을 나타내지 못했습니다. 그러나 브라이언 코치를 만나고 올림픽에서 금메달을 땄습니다. 박태환도 좋은 코치를 만나고 난 후 올림픽에서 금메달을 목에 걸었습니다.

③ 사명입니다(Mission). 사람은 누구든지 자신의 사명을 발견하고 감당해야 행복합니다. 사람을 세상에 보내실 때 하나님은 사명을 주셨습니다.

바울은 처음에는 율법을 위해 살았습니다. 이것이 사명인 줄 알았습니다. 그러나 다메섹 도상에서 예수님의 음성을 듣고 주님의 부름을 받고 사명을 깨달았습니다. 사명을 발견하고 사명에 충성하니까 말할 수 없는 고난과 핍박이 찾아왔습니다.

옥에 갇혔습니다. 여러 번 죽을 위기를 만났습니다. 강도를 당했습니다. 자지 못하고, 먹지도 못하고, 힘에 겹도록 심한 고난을 당해서 살아갈 소망까지 끊어지고 사형선고를 받은 줄 알았다고 했습니다. 결국, 순교했지만, 말할 수 없는 고생과 핍박 중에서도 사명을 감당하면서 바울은 행복했습니다.

사람이 사명을 망각하고 살면 타락할 수 있습니다. 삶의 의미를 발견하지 못합니다. 이런 사람은 불행합니다. 그러나 사명을 발견하고 사명을 위해서는 죽을 수도 있는 사람은 행복합니다.

세계적인 커피 체인점 스타벅스는 하워드 슐츠(Howard Schultz)가 1987년 미국 시애틀에서 작은 소매점을 인수하여 커피숍을 시작한 것이 빠른 속도로 성장하여 지금은 세계 37개국에 15,000개가 넘는 체인점을 갖게 되었습니다. 우리나라에만도 240개가 넘는 체인점이 있습니다.

이것이 그냥 된 것이 아닙니다. 자신의 목표를 이루기 위해 목숨을 걸고 노력한 결과입니다. 누가 목숨을 걸고 노력합니까? 사명자입니다. 사명감이 있는 사람입니다. 신앙인의 삶이란, 사명을 발견하고 사명을 따르는 삶입니다.

사람들이 타락하거나 잘못된 길로 빠지는 것을 봅니다. 그 이유는 사명을 발견하지 못했거나 사명을 잊어버렸기 때문입니다. 사명을 발견하고 사명의 길을 가면 누구든지 행복할 수 있습니다.

환난과 핍박과 고생이 많다고 해도 사명감을 가진 신앙인은 인내합니다. 감당합니다. 여러분, 사명을 발견했다면 충성하시고 사명을 잊어버렸다면 반드시 회복하시길 축원합니다.

1. 예루살렘을 떠나지 말고

4절을 보면 "사도와 함께 모이사 그들에게 분부하여 이르시되 예루살렘을 떠나지 말고"라고 했습니다.

예루살렘이란 '평화의 도성'이란 뜻입니다. 그러나 세계에서 가장 평화롭지 못한 도시가 예루살렘입니다. 기독교와 유대교와 이슬람교가 대치하고 있습니다. 무엇보다 예루살렘은 유대의 정치, 경제, 종교, 문화의 중심도시입니다.

제자들은 예루살렘을 소중히 여기면서도 마음이 가지 않는 곳입니다. 그들이 사랑하며 따랐던 예수님이 십자가를 지고 죽으신 곳이 예루살렘이기 때문입니다. 예루살렘은 고난의 땅입니다. 목숨을 걸어야 하는 희생과 순교의 땅입니다.

예루살렘은 죽음의 두려움이 있습니다. 고난과 역경이 있습니다. 그럼에도 예수님은 제자들과 우리들이 예루살렘을 떠나지 말기를 원하십니다. 그렇다면 예루살렘을 떠나지 말라는 의미는 무엇일까요?

모여서 기도하라는 것입니다. 예루살렘을 떠나지 말고 예루살렘에 모여 기도하라는 것입니다. 제자들의 입장에서 보면 자기 스승을 죽인 원수들이 있는 곳이 예루살렘입니다. 하루라도 빨리 떠나고 싶은 곳이 예루살렘입니다. 그래서 베드로도 예수님이 죽자, 제자들을 이끌고 갈릴리 바다로 내려갔습니다. 그럼에도 예루살렘을 떠나지 말라는 주님은 모여서 기도하라는 것입니다.

성경이나 기독교 역사나 개인적인 체험을 통해서도 알 수 있는 것은 교회는 모여야 합니다. 모여서 기도해야 합니다. 기도하면 하나님께서 함께하십니다. 도와주십니다. 해결해 주십니다.

성도 여러분, 주일 낮에는 말할 것도 없이 반드시 예배에 참석해야 합니다. 수요예배, 새벽기도회에 참석해야 합니다. 특히 항존 직분자라면 모이는 모범이 되어야 합니다. 모일 때 역사가 나타납니다. 지금 한국교회는 모이지 않습니다.

세계적으로 가장 빠른 성장을 이룩한 한국교회입니다. 그때는 잘 모였습니다. 지금은 모이지 않습니다. 그리고 온갖 범죄에 기독교인들이 역할을 하고 있습니다. 소금과 빛의 사명을 망각하니 교회에 모이지 않고 죄인들의 명단에 오르고 있습니다.

지금은 속히 모일 때입니다. 모여서 회개하고 기도해야 합니다. 그 외에는 다른 비결이 없습니다.

그리고 예루살렘을 떠나지 말라는 이유는 예루살렘을 복음이 땅끝까지 퍼져가는 출발점으로 정하셨기 때문입니다. 예루살렘은 평화의 도성입니다. 이런 도성이 최악의 장소, 최악의 조건이 되었습니다. 그러나 이곳에서 기도함으로 성령충만을 받고 땅끝까지 복음을 전해야 하기에 예루살렘을 떠나지 말라고 하신 것입니다.

성도 여러분, 주일에만 교회 나오고, 어쩌다가 한 번씩 교회 나와서는 신앙인의 사명을 감당 못 합니다. 예루살렘을 떠나지 말라는 주님의 말씀을 명심하고 실천하는 성도들 되시길 축원합니다.

2. 성령으로 세례를 받으라

5절을 보면 "요한은 물로 세례를 베풀었으나 너희는 몇 날이 못되어 성령으로 세례를 받으리라"고 하였습니다.

신앙인이면 물세례만 받지 말고 반드시 성령세례를 받아야 합니다. 성령세례는 성령으로 받는 세례입니다. 성령세례는 주님께서 주시는 세례입니다. 그러므로 성령세례를 받으면 반드시 성령의 역사가 나타납니다.

① 구원을 받게 됩니다.

요한복음 3장 5절을 보면 "예수께서 대답하시되 진실로 진실로 네게 이르노니 사람이 물과 성령으로 나지 아니하면 하나님의 나라에 들어갈 수 없느니라"고 하였습니다. 세례 요한은 사람들에게 죄 사함을 받기 위한 회개를 촉구했습니다. 이런 촉구를 받아들여 죄를 회개한 자들에게 물로 세례를 주었습니다. 사도행전 10장 47~48절을 보면 고넬료와 그의 친구들은 물세례를 받기 전에 이미 성령세례를 받았습니다. 중생은 그리스도와 연합 즉 성령세례를 통해 이루어지며 물세례는 이 사실을 공적으로 선포하는 것이며 상징적 의식입니다.

② 한 몸이 됩니다.

고린도전서 12장 13절을 보면 "우리가 유대인이나 헬라인이나 종이나 자유인이나 다 한 성령으로 세례를 받아 한 몸이 되었고 또 다 한 성령을 마시게 하셨느니라"고 하였습니다. 신앙인들은 한 성령으로 세례를 받아 한 몸이 되었고, 그리스도 안에서 혈통적인 구별이나 신분의 구분에 상관없이 한 몸이 된 것은 성령이 한 분이시기 때문에 하나 됨에 각별한 신경을 기울이고 있습니다. 성령으로 세례를 받는다는 것은 성령께서 외적인 방법인 물로써 변화시킨다는 것이 아니라 성령께서 내적으로 작용하여 변화시키심을 의미합니다.

③ 봉사자가 됩니다.

베드로전서 4장 11절을 보면 "만일 누가 말하려면 하나님의 말씀을 하는 것 같이 하고 누가 봉사하려면 하나님이 공급하시는 힘으로 하는 것 같이 하라"고 하였습니다. 그래서 교회봉사는 지식이 많거나 재산이 많거나 뛰어난 재능이 있다고 봉사하는 것은 아닙니다. 하나님께서 봉사할 수 있는 재능과 재물과 조건을 주셔야 합니다. 열심 있다고 봉사하는 것이 아닙니다. 시간이 많다고 봉사하는 것이 아닙니다. 성령세례를 받으면, 성령께서 주관하시고, 통치하시고 역사하시면 봉사하게 됩니다.

제자들이 예수님과 함께 3년 동안이나 다녔습니다. 가르침을 받았고 기적도 체험했지만, 봉사할 생각을 못 했습니다. 그러나 마가 다락방에서 성령세례를 받고 나가 봉사하기 시작했습니다. 성도 여러분, 성령세례를 받으시고 성령으로 충만하면서 성령의 역사가 여러분에게서 일어나 봉사자로 쓰임 받기를 축원합니다.

3. 내 증인이 되리라

8절에 "오직 성령이 너희에게 임하시면 너희가 권능을 받고 예루살렘과 온 유대와 사마리아와 땅 끝까지 이르러 내 증인이 되리라"고 하였습니다.

예수님께서 어떻게 하면 제자들이 사명을 감당할 수 있을 것인가를 말씀하시는데, 제자들은 어리석게도 이스라엘의 회복을 질문하고 있습니다. 그러자 예수님은 이것은 너희의 알 바가 아니라고 하십니다. 그리고 하신 말씀이 성령이 임하시면 권능을 받고 증인이 되리라고 하십니다. 사명을 감당하라는 것입니다.

신앙인이라면 반드시 사명이 있습니다. 사명이란 하나님께서 내게 맡기신 심부름입니다. 하나님은 세상에 태어난 모든 사람에게 심부름을 맡기셨습니다. 이 심부름이 사명입니다.

이것저것 다 잘하려고 할 것 없습니다. 하나님께서 맡겨 주신 사명만 잘 감당하면 두 달란트와 다섯 달란트 맡은 종들처럼 "잘하였도다. 착하고 충성된 종아"라고 하나님 앞에 서게 되면 듣게 됩니다.

베드로에게는 유대인들에게 복음 전하라는 사명을 주셨고, 바울에게는 이방인에게 전도하라는 사명을 주셨습니다. 언더우드와 아펜젤러 선교사에게는 대한민국에 선교하라는 사명을 주셨고, 헤드슨 테일러에게는 중국 선교의 사명을 주셨고, 슈바이츠에게는 아프리카인들에게 의술로 선교하라는 사명을 주셨습니다.

성도 여러분, 사명을 따라 가정들에게 복음을 전하시고, 봉사하시고 교회에서 충성하시기 바랍니다.

2세기 기독교는 세상으로부터 무서운 오해와 손가락질을 받았습니다. 도덕적으로 불결하다거나 심지어는 인육을 먹는다거나 각종 악성 루머에 시달리고 있을 때 로마 정부는 기독교에 대한 핍박의 강도를 높였기 때문에 기독교인들은 지하로 숨어야 했습니다.

이때 기독교 신앙을 변호하는 변증가들이 나타났습니다. 이들은 당시 핍박받고 공격받던 교회의 최전방에 서서 신앙에 대한 오해와 공격에 맞서 싸웠습니다. 신앙인은 사명이 있습니다. 가정과 친구 사이와 동네와 직장과 교회에서 사명이 있습니다. 사명을 잘 감당하시기 바랍니다.

기독교인으로 산다는 것은 아무 문제 없이, 아무런 고통 없이, 아무런 막힘도 없이 술술 잘 풀려 가는 것이 아닙니다. 예수님에게도 십자가가 있었습니다. 예수님은 친히 "나를 따라 오려거든 자기를 부인하고, 십자가를 지고 좇을 것이니라"고 하셨습니다.

무엇보다 사명을 잊으셨다면 반드시 회복하시고 사명에 충성하는 성도가 되시길 축원합니다.

18

생명

" 예수께서 이르시되 나는 생명의 떡이니 내게 오는 자는 결코 주리지 아니할 터이요 나를 믿는 자는 영원히 목마르지 아니하리라 그러나 내가 너희에게 이르기를 너희는 나를 보고도 믿지 아니하는도다 하였느니라 아버지께서 내게 주시는 자는 다 내게로 올 것이요 내게 오는 자는 내가 결코 내쫓지 아니하리라 내가 하늘에서 내려온 것은 내 뜻을 행하려 함이 아니요 나를 보내신 이의 뜻을 행하려 함이니라 나를 보내신 이의 뜻은 내게 주신 자 중에 내가 하나도 잃어버리지 아니하고 마지막 날에 다시 살리는 이것이니라 내 아버지의 뜻은 아들을 보고 믿는 자마다 영생을 얻는 이것이니 마지막 날에 내가 이를 다시 살리리라 하시니라"(요 6:35~40).

미국 캘리포니아에 가면 데스 밸리(Death Valley), '죽음의 계곡'이라는 국립공원이 있습니다. 남북 길이가 225km이고, 동서 길이가 8~24km입니다. 이곳은 북아메리카에서 가장 덥고, 건조한 지역입니다.

서반구에서 고도가 가장 낮은 곳으로 해수면보다 82m가 낮은 지역입니다. 매우 황량한 곳으로 영화 촬영지로 유명합니다. 이곳은 마치 달나라와 같은 느낌이 듭니다. 광대한 사막 가운데 살아 있는 생명체가 별로 없습니다. 죽음 앞에 서면 사람들은 공포심을 느낍니다. 황무한 데스 벨리에 가면 비슷한 감정을 느낄 수 있다고 합니다.

데스 벨리는 이름 그대로 죽음을 맛보는 곳입니다. 그런데 어떻게 된 일인지 몇 년 전부터 데스 벨리에 많은 비가 내렸습니다. 그곳에 싹이 나고 꽃이 피기 시작했습니다.

멀리서 날아 왔던 꽃씨들이 긴 시간 동안 그 땅에 묻혀 있다가 물을 만나니까 발아 했던 것입니다.

그렇습니다. 생명의 발아는 바로 이런 것입니다. 완전히 죽은 것 같던 땅도 물을 만나니까 꽃을 피우는 것입니다. 여러분의 마음이 데스 벨리처럼 황량하더라도 생명수 되시는 예수님을 만남으로 생명의 역사가 일어나기를 바랍니다.

세상에서 죽은 것 같지만 생명 있는 것이 있습니다. 동시에 산 것처럼 보이나 죽은 것도 있습니다.

미국의 어떤 심리학자가 암으로 죽음이 임박해 오자 자기 몸을 냉동시켜 달라고 500만 원을 내고 맡겼다고 합니다. 그래서 영하 200°C나 되는 온도에 냉동시켜서 강철 캡슐에 넣어 두었다고 합니다.

회복은 생명입니다(上)

왜냐하면 미물인 벌레의 모충도 겨우내 꽁꽁 얼었다가 봄이 오면 다시 사는 데 사람도 다시 살 수 있다는 것입니다. 그래서 100년, 200년 후에라도 암을 치료하는 약이 발명된 후에 다시 살고 싶다는 것입니다.

2010년 10월 31일 세계의 이목이 칠레 코피아포 시 인근 산호세 광산에 집중됐습니다. 69일간 지하에 매몰되었던 33명의 광부가 모두 기적적으로 살아나와 세계인들을 감동시켰습니다.

이들이 69일간 매몰되었다가 살아나올 수 있었던 것은 뛰어난 리더의 지도력 때문이기도 하지만 첨단장비의 덕이 가장 컸다고 합니다. 지하 700m나 되는 깊은 곳에서 모든 사람이 살아나도록 지하 위에서는 암반 밑으로 시추봉을 넣어 그들의 위치를 정확히 찾았습니다.

그리고 그들을 구해낼 때 가장 결정으로 사용되었던 도구는 '생명캡슐'이었습니다. 이 생명캡슐은 57cm 원통형 엘리베이터 같은 것인데 그것이 지하로 내려가 그 안에 사람을 태우고 올라와 모두를 살린 것입니다.

이것처럼 사망에 처한 인류를 구원하기 위해 이 땅으로 내려오신 분이 예수님이십니다. 예수님이 인류의 생명캡슐입니다.

세상에서 가장 소중하고 귀한 것은 두말할 것 없이 생명입니다. 천하보다 귀한 것이 생명입니다. 어떤 것을 주고도 생명과 바꿀 것은 없습니다. 그러나 이 귀한 생명이 죄로 인해 사망에 이르게 되었고, 지옥에 가게 되었습니다. 그러나 하나님께서 예수로 말미암아 생명을 회복하게 하셨습니다.

1.허물과 죄로 죽었던 너희를

"그는 허물과 죄로 죽었던 너희를 살리셨도다"(엡 2:1).

"모든 사람이 죄를 범하였으매 하나님의 영광에 이르지 못하더니"(롬 3:23).

"죄의 삯은 사망이요 하나님의 은사는 그리스도 예수 우리 주 안에 있는 영생이니라"(롬 6:23).

인간은 누구나 영적으로 죽은 존재입니다. 어떤 인간도 예외는 없습니다. 죽을 뻔한 존재가 아닙니다. 이미 죽은 존재입니다. 그래서 에베소서 2장 1절에서 "허물과 죄로 죽었던 너희를"이라고 말씀합니다.

죽음이란 호흡이 멎는 것만이 아닙니다. 누가복음 15장을 보면 탕자의 비유가 나옵니다. 두 아들이 있는데 큰아들은 아버지를 따라 잘 순종하는데 작은아들은 아버지께 반항합니다. 아버지 밑에 사는 것이 너무 갑갑하고 힘이 들었습니다. 결국, 작은아들은 아버지를 떠나 세상에 가서 살게 됐습니다.

회복은 생명입니다(上)

세상 친구가 좋고 그들과 사는 것이 자유롭고 가장 인간적이라고 생각합니다. 그러나 돈이 떨어지니까 친구도 떠나고 혼자만 남게 되었습니다. 이제는 먹고 사는 것도 막막하게 되었습니다. 도와주는 사람이 없습니다.

돈이 있을 때는 친구도 많은 것 같았습니다. 아무도 도와주지 않자, 남의 집 머슴이 되었습니다. 머슴살이가 말이 아닙니다. 고생이 심했습니다. 그래서 아버지를 찾아갔습니다. 면목이 없어서 머슴으로 써 달라고 하니까 아버지는 사랑으로 대하십니다. 죄를 묻지도 않으시고 용서하시고 사랑으로 모든 것을 감싸 안으셨습니다. 그리고 돌아온 아들을 보고 이렇게 말씀합니다.

"내 아들은 죽었다가 다시 살아 났으며"(눅 15:24).

그렇습니다. 호흡이 중지되어야만 죽은 것이 아닙니다. 둘째 아들이 아버지 품을 떠나 허랑방탕한 생활을 하는 동안 둘째 아들인 탕자는 아버지께는 죽은 아들입니다. 예수 믿지 않는 사람이 육신은 건강합니다. 좋은 집에 살고 고급 승용차를 타고, 높은 관직에 있다고 해도 영적으로는 죽은 존재입니다.

사람의 생명은 소유가 넉넉한 데 있는 것이 아닙니다. 열심히 일해서 돈을 버는 것은 잘하는 것입니다. 저도 우리 교회 성도들 가운데 부자들이 많았으면 좋겠습니다. 10억대 자산가, 100

억대 자산가들이 많았으면 합니다. 이렇게 되면 헌금도 많이 할 것 아닙니까?

서울에 큰 교회에서 부목사로 목회하는 분이 사임을 하고 개척교회를 시작했습니다. 이것을 알고 미국에서 살고 있는 재미교포가 평소 그 목사님의 설교를 듣고 은혜를 많이 받았다고 하면서 40억을 헌금했다고 합니다.

돈이 많으서, 교회가 경제적으로 여유가 생기면 교회는 얼마든지 할 일이 많습니다. 여러분, 부자 되세요. 그러나 생명은 소유에 있는 것이 아님을 아셔야 합니다. 누가복음 12장을 보면 한 부자가 소출이 풍성하자, 이렇게 말합니다.

"내 곳간을 헐고 더 크게 짓고 내 모든 곡식과 물건을 거기 쌓아 두리라."

쌓고 난 다음에는 "평안히 쉬고, 먹고, 마시고 즐거워 하리라"고 합니다. 그때 하나님은 이렇게 말씀하십니다.

"어리석은 자여 오늘 밤에 네 영혼을 도로 찾으리니 그러면 네 예비한 것이 뉘 것이 되겠느냐"

사람의 생명은 건강에 달려 있는 것이 아닙니다. 의사가 주관

회복은 생명입니다(上)

하는 것도 아니고 소유가 생명을 결정 짓는 것도 아닙니다. 하나님이 주관하시는데 죄와 허물로 인해 모든 인간은 죽은 존재임을 믿으시길 축원합니다.

2. 나는 생명의 떡이니

35절을 보면 "예수께서 이르시되 나는 생명의 떡이니 내게 오는 자는 결코 주리지 아니할 터이요 나를 믿는 자는 영원히 목마르지 아니하리라"고 하였습니다.

세계적으로 보면 40초마다 한 명씩 자살합니다. 우리가 예배 드리는 지금 한 시간 동안에도 어디에선가 스스로 생명을 끊고 있습니다. 2000년 한 해 동안 세계적으로 82만 명이 자살했습니다. 유럽 사람들이 제일 많이 자살합니다. 그리고 북미, 러시아, 중국, 일본, 홍콩 순입니다. 우리나라도 자살을 많이 하는 편입니다.

그러나 신앙인이면 하나님께서 주신 생명을 스스로 끊으면 안 됩니다. 예수님은 자신이 생명의 떡이라고 하셨습니다. 예수님이 우리의 밥이십니다. 육신은 밥이나 떡이 양식입니다. 밥이나 떡을 먹지 않으면 육신은 살 수 없습니다.

그렇다면 영의 양식은 무엇입니까? 예수님이 우리의 영의 양식입니다. 그러므로 영의 양식을 먹어야 합니다. 그렇다면 생명의 떡을 먹는다는 것은 무슨 말씀일까요?

① 하나님의 말씀을 듣고 배우는 것입니다.

아모스 8장 11절을 보면 "양식이 없어 주림이 아니며 물이 없어 갈함이 아니요 여호와의 말씀을 듣지 못한 기갈이라"고 했습니다. 하나님의 말씀을 잘 듣고, 잘 배우는 것이 생명의 떡을 잘 먹는 것입니다. 집에서 정기적으로 성경을 읽고, 예배시간에 설교를 잘 듣고 읽은 말씀, 들은 말씀에 순종해야 합니다.

② 성찬에 참여하여 떡을 떼며 잔을 나누는 것입니다.

예수님은 우리의 죄를 대속하기 위해 살이 찢기시고 십자가에서 보혈을 흘리셨습니다. 이것을 기념하는 것이 성찬식입니다. 성찬에 참여하여 믿음으로 떡을 먹고, 포도주를 마시는 것이 생명의 떡을 먹는 것입니다.

③ 예수님을 믿는 것입니다.

예수님 당시 유대인들은 예수님을 보았습니다. 행하시는 기적도 보았지만, 예수님을 믿지 않았습니다. 그러나 예수님께서는 요한복음 20장 29절에서 "보지 못하고 믿는 자들은 복 되도다"라고 하셨습니다. 믿는다는 것은 보고 믿는 것보다, 보지 않고 믿어야 더 좋은 것입니다.

회복은 생명입니다(上)

예수님을 믿으면 세 가지 은혜를 받습니다.
① 그리스도와 함께 살리셨고(엡2:5)
② 함께 일으키사(엡2:6)
③ 하늘에 앉히시니(엡2:6)

그러므로 예수님을 믿는 것보다 중요한 것은 없습니다. 믿음은 마음의 확신뿐이 아닙니다. 삶에서 믿음이 나타나야 합니다. 생명의 떡이신 예수님을 믿음으로 생명을 회복하고 사시길 축원합니다.

3. 아들을 보고 믿는 자마다 영생을 얻는 이것이니

"내 아버지의 뜻은 아들을 보고 믿는 자마다 영생을 얻는 이것이니 마지막 날에 내가 이를 다시 살리리라 하시니라"(요 6:40).

하나님은 사람을 영생하도록 창조하셨습니다. 그러나 아담과 하와가 하나님께 불순종하므로 죽음이 찾아 왔습니다. 이런 인간을 하나님께서 사랑하셔서 영생 얻는 길을 마련하셨습니다. 그러므로 영생을 얻기 위해서는

① 죄인임을 인정해야 합니다(롬3:23).

② 예수님을 믿어야 합니다(요 3:15).

③ 생명수를 마셔야 합니다(요4:14).

④ 자기 생명을 미워해야 합니다(요 12:25).

육신의 질병을 고치려면 돈이 있어야 합니다. 좋은 의사를 만나야 합니다. 그러나 영생을 얻기 위해서는 예수님을 믿어야 합니다. 믿음보다 영생을 얻는데 효과적인 것은 없습니다. 사람은 누구나 행복하길 원하십니다. 행복하려면 세 가지 선택을 잘해야 합니다.

① 종교입니다.

사람은 누구에게나 종교성이 있습니다. 그래서 어느 민족이나 종교가 있습니다. 종교선택이 개인의 행복과 불행을 결정합니다. 종교 선택이 국가의 흥망성쇠를 결정합니다.

② 배우자입니다.

러시아 속담에 이런 것이 있습니다. "바다에 나갈 때는 한 번 기도하고, 전쟁터에 나갈 때는 두 번 기도하고 결혼할 때는 세 번 기도하라." 결혼은 이렇게 중요하다는 것입니다.

③ 직업입니다.

직업에는 귀천이 없다고 합니다. 그러나 타인의 영혼과 육신에 해를 끼치는 직업은 택하지 말아야 합니다.

이 세 가지 가운데 가장 근본적인 것은 종교의 선택입니다. 종교는 첫 단추와 같습니다. 예수를 믿고 안 믿는 것은 그 사람의 생애에 심각한 결과를 가져옵니다. 그러므로 신앙인이면 자녀나 부모나 친구나 친척들에게 꼭 예수 믿게 해야 합니다. 이것보다 중요한 것은 없습니다.

얼마나 착하게 살았느냐는 것은 문제가 아닙니다. 예수님을 믿기만 하면 구원받습니다. 영생을 얻습니다. 천하 인간에 구원 받을 이름은 예수밖에 없습니다. 영생을 주시는 분은 예수님뿐입니다.

미국의 두 청년이 술을 즐겨 마시며 방탕하게 지냈습니다. 어느 날 교회 앞을 지나다가 '죄의 값은 사망'이라는 게시판의 설교 제목을 보았습니다. 이때 한 청년은 교회 한번 가보자고 제안했습니다. 그러나 다른 청년은 "교회는 무슨 교회야, 교회는 의지가 약한 사람이 가서 신의 도움을 구하는 곳이야! 술집이나 가자"라고 했습니다.

결국 한 청년은 교회로 갔고, 한 청년은 술집으로 갔습니다. 교회 간 친구는 설교를 듣고 회개하고 하나님을 섬기기로 마음먹었습니다. 술집으로 간 친구는 방탕한 길로 갔습니다. 30년 후 술집으로 간 친구는 흉악범이 되어 감옥에서 새로 선출된 대통령 기사를 보고 하염없이 눈물만 흘렸습니다. 새로 대통령에 당선된 친구는 30년 전 교회로 갔던 친구입니다. 그가 미국 22대와 24대 대통령 클리블랜드입니다.

생명의 떡이신 예수를 믿음으로 생명을 회복하고 사시기를 축원합니다.

회복은 생명입니다(上)

19

소망

> "또 이르되 열방들아 주의 백성과 함께 즐거워하라 하였
> 으며 또 모든 열방들아 주를 찬양하며 모든 백성들아 그를 찬송
> 하라 하였으며 또 이사야가 이르되 이새의 뿌리 곧 열방을 다스
> 리기 위하여 일어나시는 이가 있으리니 열방이 그에게 소망을
> 두리라 하였느니라 소망의 하나님이 모든 기쁨과 평강을 믿음
> 안에서 너희에게 충만하게 하사 성령의 능력으로 소망이 넘치
> 게 하시기를 원하노라"(롬 15:10~13).

　십대 초반의 어린 소년이 심한 화상을 입고 미국의 한 중환
자 병동에 입원해서 생사의 기로를 헤매고 있었습니다. 어느 날
이 병동에 처음으로 자원봉사를 나온 대학생이 멋모르고 중환
자 병동에 들어와서 이 소년의 기록을 보고 나이를 확인한 후
중학교 2학년 과정에 해당하는 영어문법의 동사변화를 가르치
기 시작했습니다.

　중환자인 중학생이 알아듣는지 못 알아듣는지 확인 할 수 없

었지만, 순진한 대학생은 며칠 동안 열심히 가르쳤습니다. 그런데 놀라운 일이 발생했습니다. 의사들도 회복 가능성이 매우 희박하다고 판정을 내렸던 소년의 상태가 기적처럼 좋아지기 시작했습니다. 그러자 이 소년의 회복 원인에 대해 모든 사람이 궁금해 했습니다. 얼굴의 붕대를 풀던 날 소년에게 원인이 뭐냐고 물었더니 소년의 대답이 걸작입니다.

"저도 건강을 회복하는 것은 포기하고 있었는데 알지도 못하는 대학생 형이 들어와서 다음 학기 영어 시간에 배울 영어 동사 변화를 가르쳐 주기 시작해서 놀랐습니다. 그 형은 '네가 나아서 학교에 돌아가면 이것을 알아 둬야 뒤떨어지지 않을 거야'라고 하더군요. 그때 저는 확신했습니다. '아, 의사 선생님들이 내가 나을 수 있다고 판단했나 보다. 그렇지 않고서는 이렇게 붕대를 칭칭 감고 있는 나에게 다음 학기 동사변화를 가르쳐 줄 리가 없지!'라고요."

여러분, 나도 모르고 내뱉은 말과 행동 하나가 누군가에게는 소망이 될 수 있고, 누군가에게는 절망이 될 수도 있음을 생각하고 소망을 주는 말과 행동을 하면서 살아야 합니다.

성경을 인도어로 번역한 사람은 현대 선교의 아버지라고 불리는 윌리엄 캐리(William Carey)입니다. 그는 성경을 인도어로

회복은 생명입니다(上)

최대한 많이 번역하기를 원했습니다. 그런데 1832년 초 인쇄실에 화재가 발생하여 그동안 작업했던 것들이 다 불에 타고 말았습니다. 망연자실한 캐리는 잿더미 앞에서 현실을 받아들이기가 어려웠습니다.

그는 절망할 겨를이 없이 이렇게 말했습니다. "손해가 막심하지만 난 낙심하지 않아. 이번에는 성경을 모든 언어로 번역할 거야. 이 일로 기운이 빠진 것은 사실이지만 그래도 절망하지는 않을 거야"라고 했습니다.

화재로 인해 캐리는 오히려 일약 유명인사가 되었고, 그의 사역을 돕기 위한 기금이 조성되고 돕겠다는 자원봉사자들도 줄을 이었습니다. 그리하여 1832년 말 44개 언어로 번역된 성경이 세상에 선을 보이게 되었습니다.

캐리가 화재를 당했을 때 낙심하거나 절망했다면 성경번역을 끝나고 말았을 것입니다. 그는 "밤 중에도 부를 수 있는 노래가 있다"라고 말했습니다.

그렇습니다. 기독교는 소망의 종교입니다. 예수님께서 소망이시기에 우리에게는 소망이 있습니다. 신앙생활을 하면서도 영적인 침체에 빠지기도 합니다. 마틴 로이드 존슨은 영적인 침체 원인을 세 가지로 지적합니다. ① 타고난 기질 ② 육체적인 상태 ③ 불신앙 때문이라고 합니다.

성도 여러분, 육적으로나 영적으로 소망을 가지고 살고 있으십니까? 아니면 낙심과 절망 속에 살고 있으십니까? 소망 없는 사람은 산 것 같지만 죽은 사람입니다. 그러나 소망이 있다면 죽은 것 같아도 생명이 있습니다. 산 사람입니다.

성도 여러분, 소망 가운데 사시고 혹시라도 소망을 상실하셨다면 회복하는 은혜를 받으시길 축원합니다.

1. 신앙인은 소망 가운데 살아야 합니다.

본문을 보면 소망이라는 단어가 세 번이나 나옵니다. 고린도전서 13장 13절을 보면 "그런즉 믿음, 소망, 사랑, 이 세 가지는 항상 있을 것인데"라고 말씀합니다.

신앙인이라면 항상 소망을 가지고 살아야 합니다. 예수 믿는다 해도 시련이 찾아올 때가 있고, 병마가 찾아오기도 하고, 실직과 사업실패로 낙심할 때가 있습니다. 잠시 낙심하고 절망할 수도 있지만 금방 소망을 회복해야 합니다. 자신의 처지나 환경을 바라보면 낙심할 수도 있지만 하나님을 바라보면 소망을 회복할 수 있습니다.

다윗은 이스라엘의 유명한 장군들도 두려워하는 블레셋의 골리앗을 무찌르고 유명인이 되었습니다. 다윗의 인기는 높이 치솟았습니다. 사울 왕보다 인기가 좋았습니다. 사울 왕이 다윗을 사위로 삼았지만 다윗의 형통은 오래가지 못했습니다. 사

회복은 생명입니다(上)

울 왕이 다윗을 죽이려고 했습니다.

다윗은 광야로 도망가서 전전해야 했습니다. 광야는 사람이 살 수 없는 곳입니다. 이런 곳에서 아무리 다윗이라도 절망할 수밖에 없는 상황이지만 다윗은 절망하지 않았습니다. 소망을 잃지 않았습니다. 그 비결이 무엇입니까? 시편 62편 5절을 보면 "잠잠히 하나님만 바라라"고 하였습니다.

환경과 주변과 사람을 바라보면 낙심할 수 있습니다. 그러나 어떤 형편에 처해도 하나님을 바라보면 소망을 가질 수 있습니다. 사람은 8분만 호흡을 하지 아니하면 죽습니다. 물을 마시지 않고는 3~5일밖에 견디지 못합니다. 음식을 먹지 않고는 약40일 정도는 버틸 수 있습니다.

그러나 단 2초도 소망이 없이는 살 수 없다고 스위덤이라는 사람이 말했습니다. 이탈리아의 시인 단테는 자신의 작품에서 지옥의 입구에는 이런 글이 적혀 있다고 적었습니다.

"여기에 들어오는 자는 모든 희망을 버려라."

여러분 어떤 경우에도 소망을 잃지 마시기를 바랍니다. 초대교회 당시 신앙인들은 로마제국으로부터 많은 핍박을 받았습니다. 옥에 갇히고, 재산을 몰수당하고, 매를 맞고, 심지어는 목베임과 맹수의 밥이 되기도 했습니다.

평생을 지하무덤인 카타콤에서 지내면서도 신앙을 지킬 수 있었던 것은 소망이 있었기 때문입니다. 신앙인이란 소망 가운데 사는 사람입니다.

2. 그에게 소망을 두리라

12절을 보면 "또 이사야가 이르되 이새의 뿌리 곧 열방을 다스리기 위하여 일어나시는 이가 있으리니 열방이 그에게 소망을 두리라"고 하였습니다.

사람들은 돈과 명예와 권력에 소망을 두고 삽니다. 그러나 이런 것들은 수명이 매우 짧습니다. 대통령이 되어도 5년이 되면 물러나야 합니다. 미국의 10대 부자들의 인생을 조사해 보면 30년이 못 가서 그들의 60~70%는 비참하게 인생을 끝낸다고 합니다.

본문은 "그에게 소망을 두리라"고 했습니다. 돈과 명예와 권력도 한계가 있지만, 하나님이 우리의 소망이라는 것입니다. 예수님께 소망을 두고 살라는 것입니다. 예수님께서 우리에게 주신 소망은 무엇입니까?

① 부활의 소망입니다.

예수님은 죄인처럼 십자가에서 처참하게 죽으셨지만, 사흘 만에 부활하셨습니다. 예수님은 자신의 죄로 인해 죽으신 것이 아니라 모든 사람의 죄를 대신하여 십자가에서 대속의 죽임을 당하셨습니다. 그러나 죽은 지 사흘 만에 부활하셨습니다. 예수님만 부활하신 것이 아니라 예수를 믿으면 누구든지 사망에서 생명으로 옮겨져 영원히 살 수 있습니다. 그래서 요한복음 11장 25~26절은 이렇게 말씀합니다.

"예수께서 이르시되 나는 부활이요 생명이니 나를 믿는 자는 죽어도 살겠고 무릇 살아서 나를 믿는 자는 영원히 죽지 아니하리니 이것을 네가 믿느냐."

부활의 소망을 가진 신앙인은 어떤 환난이나 박해 중에서도 기뻐할 수 있고, 믿음을 지킬 수 있습니다.

6.25전쟁이 치열할 때 미 해병대 장병들 상당수가 갑자기 들이닥친 중공군에 의해 포위되고 말았습니다. 사방에서 폭탄이 떨어지고 전쟁을 하기에는 역부족이었습니다. 미군 병사들의 시체는 여기저기 널려 있고, 살아남은 병사들도 참호 속에 갇혀 어쩔 줄을 모르고 있었습니다. 닥쳐온 죽음을 생각하며 떨고만 있었습니다. 이때 종군기자가 기자정신을 발휘했습니다. 떨고 있는 병사의 모습을 사진기에 담았습니다. 그리고, 이런 질문을 던졌습니다.

"만일 지금 전능하신 하나님께서 나타나셔서 당신에서 무엇을 해 주면 좋겠느냐고 물으신다면 당신은 어떤 요청을 하겠습니까?"

그때 이 병사는 유명한 대답을 했습니다.

"오직 나에게 내일을 주십시오"(Just give me tomorrow).

다행스럽게도 그들은 포위망을 뚫고서 극적으로 살아났습니다. 훗날 그 기자는 똑같은 제목의 기사를 써서 언론계의 노벨상이라고 하는 퓰리처상을 수상했습니다.

② 天國의 소망입니다.

"복스러운 소망과 우리의 크신 하나님 구주 예수 그리스도의 영광이 나타나심을 기다리게 하셨으니"(딛 2:13).

부활이 있다고 해도 부활 후의 삶이 고통스럽거나 절망적이라면 무슨 의미가 있겠습니까? 그래서 하나님은 우리에게 부활 후에 영광된 天國 소망을 주십니다. 요한계시록 21장 4절을 보면 예수 믿는 사람들은 부활의 날에 "사망과 애통과 곡하는 것이나 아픈 것이 없는" 영광된 天國에 들어간다고 말씀합니다. 우리의 과거를 보면 슬픈 일들이 많습니다. 현실을 보면 위험한 일들이 많지만, 하나님의 영광을 바라보면 즐거워 할 수 있습니다.

③ 영생의 소망입니다.

진시 황제만 영생을 소망하는 것이 아닙니다. 모든 사람은 영생을 소망합니다. 어떤 노인이 매일 "내가 죽어야지, 왜 안 죽나 몰라"라고 하며 매일 죽음 타령을 했답니다. 그러자 하루는 그의 아들이 "어머니, 그렇게 죽고 싶으세요?"라고 묻더랍니다. 그러자 노인이 "내가 죽지 않아서 그렇지. 오늘이라도 죽었으면 얼마나 좋겠느냐"라고 했다고 합니다. 그러자 아들이 봉지 하나를 내놓으면서 "어머니, 이것 먹으면 아무 고통 없이 잠들 듯이 그냥 죽습니다. 잡수세요"라고 하고 약을 내놓았습니다.

그러자 할머니의 얼굴빛이 싹 변하면서 "이 불효막심한 놈, 그렇다고 지금 이것 먹고 나 죽으라고? 네 놈이나 먹고 죽어라"고 하며 역정을 내면서 던지더랍니다. 그러자 아들이 "그럼, 내가 먹고 죽지요"라고 하며 봉지를 뜯어 알사탕 하나를 먹으며 "어머니, 이것은 사탕이에요"라고 했습니다.

그 후로는 죽는다는 소리를 하지 않더라는 것입니다. 죄의 삯은 사망이지만 예수님은 우리의 영원한 소망이십니다. 예수님께 소망을 두고 사시기 바랍니다.

3. 기쁨과 평강을 충만하게 하라

13절을 보면 "소망의 하나님이 모든 기쁨과 평강을 믿음 안에서 너희에게 충만하게 하사 성령의 능력으로 소망이 넘치게 하시기를 원하노라"고 하였습니다.

소망의 하나님은 기쁨과 평강을 충만케 하십니다. 그러나 세상을 살아보면 기쁨은 잠깐입니다. 평강도 수명이 매우 짧습니다. 그럼에도 불구하고 기독교는 기쁨의 종교입니다. 불교는 초상집 같고, 유교는 제사집 같고, 기독교는 잔치집과 같다고 했습니다.

예수님께서 혼인집에 가셨는데 포도주가 떨어짐으로 기쁨이 사라질 위기를 만났을 때 예수님께서 물로 포도주를 만드셨습니다. 예수를 믿는 신앙인에게는 기쁨과 즐거움이 있습니다. 그 이유가 무엇입니까?

① 주 안에서 구원받았기 때문입니다.
② 주 안에서 보호와 인도하심을 받기 때문입니다.
③ 주 안에는 약속된 미래가 있기 때문입니다.
④ 주 안에서는 수고하는 것도 기쁨입니다.

⑤ 모든 것이 은혜로 얻은 것인 것을 생각하면 기뻐할 수밖에 없습니다.

그리고 평강을 말씀합니다. 평강을 헬라어로 '에이레네'라고 하는데 평화, 화평, 안전, 화친, 화목 등으로 번역되는 말입니다. 성경에서 말하는 평강은 우리가 예수와 합해졌을 때, 하나님과 연결되었을 때 우리가 누리는 것입니다.

찰스 스펄전 목사가 어느 날 친구와 같이 농장을 지나다가 주고받는 이야기 가운데 웃음이 터져 나와 눈물이 나올 정도로 한참 웃었다고 합니다. 그러다가 웃음을 중단하고 "우리 이 웃음을 주신 하나님께 감사합시다"라고 하고는 그 자리에서 무릎을 꿇고 감사기도를 드렸다고 합니다.

웃을 수 있고, 기뻐할 수 있다는 것은 하나님이 주신 은사입니다. 아무런 희망도 보이지 않은 상황에서도 소망의 하나님을 믿었던 아브라함에게 하나님은 이삭을 선물로 주셨습니다.

성도 여러분, 소망을 가지고 있으십니까? 아니면 소망을 상실하셨습니까? 신앙인이면 반드시 소망을 가지고 살아야 합니다. 우리의 소망은 하나님이시고 예수님이십니다. 소망을 가지고 살면 기쁨과 평강이 있습니다. 소망을 회복하고 사시는 성도가 되시길 축원합니다.

20

양심

"바울이 공회를 주목하여 이르되 여러분 형제들아 오늘
까지 나는 범사에 양심을 따라 하나님을 섬겼노라 하거늘 대제
사장 아나니아가 바울 곁에 서 있는 사람들에게 그 입을 치라
명하니 바울이 이르되 회칠한 담이여 하나님이 너를 치시리로
다 네가 나를 율법대로 심판한다고 앉아서 율법을 어기고 나를
치라 하느냐 하니 곁에 선 사람들이 말하되 하나님의 대제사장
을 네가 욕하느냐 바울이 이르되 형제들아 나는 그가 대제사장
인 줄 알지 못하였노라 기록하였으되 너의 백성의 관리를 비방
하지 말라 하였느니라 하더라"(행 23:1~5).

양심은 인간만이 가지고 있는 놀라운 내적 선물이며 기능입
니다. 동물과 구분되는 가장 강력하고, 신비하고, 해석이 어려
운 성품이 양심입니다.

사람의 심령 속에서 울리는 양심의 소리는 꼭 비행기의 블랙
박스와 같은 역할을 합니다. 비행기의 블랙박스는 어지간한 고

회복은 생명입니다(上)

열에도 끄떡없이 견딜 수 있습니다. 바다 속에 빠져도 물이 스며들지 않고, 일정 기간 자체에서 소리를 내기 때문에 비행기가 사고가 나면 이 블랙박스를 회수하기 위해 모든 노력을 기울입니다. 왜냐하면 블랙박스를 조사해 보면 비행기 안에서 무슨 일이 생겼는지, 누가 잘못했는지, 비행기가 추락한 이유를 알 수 있기 때문입니다.

하나님께서는 사람들에게 양심이라는 블랙박스를 두셨습니다. 양심이라는 블랙박스는 세월이 흘러도 변하지 않습니다. 양심에 어긋나는 행동을 하려고 하면 신호음이 울립니다. 또한 양심에 어긋나는 행동을 하고 나면 다른 사람은 몰라도 우리 마음 속에서 소리를 칩니다. 그 소리를 듣고 돌이키면 되는데 그렇지 아니하면 문제가 발생합니다.

프랑스의 철학자이며 저술가였던 루소는 "양심의 부패는 오늘날 사회의 가장 심각한 중병이다"라고 했습니다.

성경을 보면 양심에는 선한 양심과 청결한 양심, 악한 양심과 더러운 양심, 화인 맞은 양심과 약한 양심 등이 있다고 말씀합니다. 그런데 우리가 살고 있는 시대는 양심이 사라진 세상이라는 것입니다.

주변을 둘러보면 많은 종류의 담장이 있습니다. 황토 흙벽돌로 집안에 담장이 쌓여 있습니다. 시멘트 벽돌로 튼튼하게 쌓인 담장도 있습니다. 그 위에는 날카로운 철을 교묘하게 설치해 놓은 곳도 있고 심지어는 전기장치를 해 놓은 곳도 있습니다. 그 이유가 무엇일까요? 양심이 사라진 세상이라는 증거입니다.

하나님의 형상대로 지음받은 인간은 누구나 양심을 가지고 있습니다. 양심은 어떤 일이나 행위에 대해서 옳고 그름이나 선과 악을 구별하는 도덕적인 의식으로써 무엇보다 사람으로 하여금 그의 마음을 하나님께로 향하게 합니다.

그래서 사람이 무슨 잘못을 저지르게 되면 바로 하나님께 벌을 받지 않을까 두려움을 느끼거나 양심의 가책을 받아 뉘우쳐 돌이키게 됩니다. 그렇다고 양심이 사람을 온전하게 할 수 없는 것은 양심에 무슨 능력이 있어 죄를 없이 하거나 죄와 싸워 이길 수 있게 하는 것은 아닙니다.

사람에게 양심이 반드시 필요한 것은 양심이 있기 때문에 사람을 사람답게 한다는 것입니다. 그럼에도 우리 사회에는 양심 없는 사이코패스나 소시오패스 같은 무서운 이들이 있습니다. 이런 사람은 세상에만 있는 것이 아니라 교회 안에도 있을 수 있습니다.

그래서 디모데전서 4장을 보면 믿음에서 떠나 미혹하는 영과 귀신의 가르침을 좇아 자기 양심이 화인 맞아서 외식하므로 거짓말을 한다고 했습니다. 인간이기에 양심이 화인 맞을 수도 있습니다. 그러나 반드시 양심을 회복시켜야 합니다.

1. 양심을 따라 살아야 합니다.

1절을 보면 "바울이 공회를 주목하여 이르되 여러분 형제들아 오늘까지 나는 범사에 양심을 따라 하나님을 섬겼노라 하거늘"라고 했습니다.

바울은 공회를 주목하여 이렇게 외쳤습니다. "나는 범사에 양심을 따라 하나님을 섬겼노라."

유대 관원들처럼 형식주의로 하나님을 섬기는 것이 아니고, 개인적인 유익을 위해 하나님을 섬긴 것도 아니고, 빌립보서 1장 20절을 보면 "살든지 죽든지 내 몸에서 그리스도가 존귀하게 되게 하려 하나니"라고 했습니다.

자신을 반대하는 유대교의 최고의 법정 기관인 산헤드린 공회 앞에서 변론하면서 이렇게 담대할 수 있는 것은 바울은 그동안 양심을 따라 하나님을 섬겼기 때문입니다. 하나님은 우리에게 양심이라는 것을 주셨는데 누구든지 거짓되고, 죄악 된 일을 저질렀을 때 누가 말하지 않아도 양심의 가책을 느낍니다.

양심의 가책을 느끼지 않은 사람은 화인 맞은 양심을 소유했기 때문입니다. 그러므로 신앙인이라면 양심이 무너지면 안 됩니다. 화인 맞은 양심을 소유하면 안 됩니다.

요셉은 보디발의 아내의 유혹을 받았을 때, "내가 어찌 이 큰 악을 하나님 앞에서 행하리요"라고 하며 유혹을 이겼습니다. 이렇게 할 수 있었던 것은 양심의 경고음을 들었기 때문입니다. 빌라도에게 양심의 빛이 비쳤을 때 그리스도에게서 죄를 찾을 수 없다고 했습니다.

양심의 소리를 듣고, 복종하는 자들은 즐겁게 살 수 있습니다. 그러나 양심의 소리에 귀를 막거나 무시하는 사람들에게 불안과 공포와 비참함이 찾아오게 되어 있습니다.

목사의 아들로 출생하여 프랑스의 의사, 사상가, 신학자, 음악가로 아프리카의 랑바레네에 병원을 개설하고 봉사했던 슈바이처는 20세기의 정신적 거성 가운데 한 분입니다.

슈바이처는 행복하게 생활하면서 불행한 자들을 위해 무엇인가 봉사해야 하겠다고 생각합니다. 그래서 30세까지는 자기를 위해 살고, 그 후부터는 남을 위해 살기로 결심했습니다. 30세에 이미 목사와 신학자와 대학교수 그리고 음악가로 명성을 떨쳤습니다.

그때 '남을 위해 무엇을 할까? 인류를 위해 무슨 일로 봉사할까?'를 생각하다가 아프리카 콩고지방에서 흑인에게 의료봉사를 할 하나님의 일꾼을 구하고 있다는 광고를 신문에서 보고 자기가 할 일이 그것임을 깨닫고 의과대학에 들어가 7년간 공부해서 의사가 되어 부인과 함께 아프리카로 떠났습니다. 거기서 90세가 되도록 흑인들을 위해 봉사했습니다.

양심을 따라 산다는 것은 하나님의 부르심을 받고 하나님께서 주신 사명 따라 사는 것입니다. 신앙인이라면 욕심을 따라 살거나 자신의 목적성취를 위해 사는 사람이 아닙니다. 양심을 따라 사는 사람입니다. 바울처럼 양심을 따라 사는 성도가 되시길 축원합니다.

2. 청결한 양심으로 살아야 합니다.

디모데후서 1장 3절을 보면 "내가 밤낮 간구하는 가운데 쉬지 않고 너를 생각하여 청결한 양심으로 조상적부터 섬겨 오는 하나님께 감사하고"라고 했습니다.

하나님께서는 청결한 양심과 청결한 마음을 원하십니다. 마태복음 5장 8절을 보면 "마음이 청결한 자는 복이 있나니 그들이 하나님을 볼 것임이요"라고 했습니다. 청결한 양심은 깨끗한 양심입니다. 깨끗한 마음이 없이는 믿음의 비밀을 깨닫지 못합니다.

유대인들의 신앙을 한마디로 말하면 형식적인 신앙입니다. 그러나 청결한 양심은 하나님을 섬기는 중심적 신앙입니다. 항상 진리 편에 서 있는 믿음이 청결한 마음입니다. 그래서 청결한 양심을 가진 사람은 진리수호를 위해 결단과 행동을 합니다.

고대 그리스의 수학자이며 철학자였던 피타고라스라는 사람이 있습니다. 피타고라스의 제자 가운데 한 사람이 가게에서 신발을 사고 주인에게 "신발값은 내일 주겠습니다"라고 말했습니다. 제자가 신발값을 들고 가게를 찾아갔는데, 가게 주인이 죽었습니다. 그러자 신발을 공짜로 갖게 되었다고 좋아했습니다. 그러나 기쁨은 잠시고 양심에 걸려 매일 고통 속에서 보내야 했습니다. 그러자 그렇게 좋아 보이던 신발이 흉측한 가시 같았습니다. 결국, 제자는 돈을 들고 다른 사람이 주인이 된 그 가게를 찾아가서 말했습니다.

"세상 사람들에게는 그가 죽었지만 제게는 살아 있습니다."

한 철학자의 제자가 양심에 따라 살았다면 예수님의 제자 된 우리가 양심을 따라 사는 것은 당연한 것입니다. 윌리엄 윌버포스라는 27세의 젊은 영국 국회의원의 1787년 10월 28일 일기장에는 이렇게 쓰여 있다고 합니다.

"전능하신 하나님께서는 내 앞 두 가지 큰 목표를 두셨다. 하나는 노예 무역상을 금지하는 것이요. 다른 하나는 관습을 개혁하는 것이다."

윌버포스가 영국사회를 개혁하려는 헌신적인 노력에 감동하여 그를 '영국의 양심'이라고 불렀다고 합니다. 윌버포스의 영향으로 영국의 젊은 국회의원 1/3이 복음주의 기독교인이 되었습니다. 그는 매우 부유한 집안에서 유복하게 자랐고, 20대 초반에 유능한 의원으로 의회에 진출했습니다.

회복은 생명입니다(上)

윌버포스는 친구 밀러를 통해 회심하게 되었습니다. 당시 영국의 상류사회에서는 기독교를 품위를 위한 교양 이상의 것으로 간주하지 않았습니다. 그럼에도 윌버포스는 하나님의 뜻을 따라 살기로 결심했고, 그날부터 자신의 야망을 다 떨쳐 버렸습니다.

당시 영국은 노예무역으로 국가 수입의 3분의 1을 얻고, 세계 최고의 해군력으로 아프리카 흑인들은 마구 잡아 드렸습니다. 그는 암살의 위협과 중상모략과 비방에도 굴하지 않고 끝까지 매진했습니다.

결국 의회에서 싸워온 지 50여 년 만에 노예무역 폐지라는 쾌거를 이루었습니다. 그는 또 조지 3세를 독려해서 관습개혁에 대한 표고문을 발표하도록 했고, 몸소 개혁에도 힘을 쏟았습니다.

그는 "나로 하여금 영국 노예 제도를 통해 얻은 2천만 파운드의 돈을 포기하는 날을 목도하고 죽게 하시니 하나님께 감사할 뿐이다"라는 고백을 남기고 하나님의 부르심을 받았습니다.

성도 여러분, 작은 일이나 큰일이나 깨끗한 양심을 가지고 사시기 바랍니다. 그래야 하나님이 보입니다. 청결한 양심은 하나님이 주신 것이라면 더럽고, 지저분하고 불결한 양심은 마귀에게 속한 것입니다. 바울과 디모데처럼 청결한 양심으로 사시길 축원합니다.

3. 양심에 거리낌이 없이하라

"이것으로 말미암아 나도 하나님과 사람에 대하여 항상 양심에 거리낌이 없기를 힘쓰나이다"(행 24:16).

변호사 더둘로가 바울은 무리를 소요하게 했고, 이단의 괴수고, 성전 모독죄를 저질렀다고 공격을 하자 바울은 하나님과 사람 앞에서 항상 양심에 거리낌이 없다고 주장합니다. 예루살렘에 온 지가 12일밖에 되지 않았는데 성전이나 어디서도 누구와 변론한 적이 없고 더욱이 소요케 했다는 것은 어불성설이라는 것입니다.

유대인들이 기다리는 메시아로 오신 예수를 따르는 나를 이단의 괴수라고 하는 것은 언어도단이고 동족을 위한 구제금과 제물을 가지고 성전에서 결례까지 행한 이를 성전 모독죄라 하는 것은 천부당만부당하다는 것입니다.

어떤 대학교 총장이 학교 건물을 신축하고 있는데 건물을 완성하려면 10억 원이 모자라서 고민하고 있는데 어느 날 정부의 고위 관리로부터 제의를 받았다고 합니다. 2장의 서류에 사인을 해 주면 10억 원을 기부하겠다는 것입니다. 그래서 서류를 살펴보니 사인을 해 주면 고위관리에게는 30억 원이 생기고, 자기에게는 10억 원이 생기는 서류더랍니다. 총장은 고민에 빠졌습니다.

고위 관리는 아는 사람은 나와 총장밖에 없으니 고민 말고 사인을 하라고 하더랍니다. 그러나 총장은 결국 거절했다고 합니다. 거절한 이유는 고위관리와 자신만 아는 것이 아니고 하나님도 알고 계신다는 것입니다.

사인 두 장만 하면 10억 원이 생기지만 양심이 허락하지 않는 일, 양심의 거리끼는 일이기에 하지 않았다는 것입니다. 대단히 어리석은 일 같지만, 대단히 현명한 일입니다. 하나님께서 기뻐하실 일을 한 것입니다.

성도 여러분, 쉬운 길, 빠른 길을 선택하려다 보면 양심에 거리끼는 일들이 많습니다. 이런 길은 쉬워 보여도 하나님께서 기뻐하는 길이 아닙니다. 하나님께나 사람들에게도 거리낌이 없이 살도록 노력해야 합니다. 쉬운 길, 빠른 길은 쉬워 보이지만 그것이 올무가 됩니다. 망하는 길입니다.

힘들고 어려워도 양심 따라 살아야 합니다. 어떤 경우에도 악하고 더러운 양심을 따르지 말고 선한 양심, 청결한 양심을 회복하고 사시길 축원합니다.

21

신뢰

"너희는 무지한 말이나 노새 같이 되지 말지어다 그것들
은 재갈과 굴레로 단속하지 아니하면 너희에게 가까이 가지 아
니하리로다 악인에게는 많은 슬픔이 있으나 여호와를 신뢰하
는 자에게는 인자하심이 두르리로다 너희 의인들아 여호와를
기뻐하며 즐거워할지어다 마음이 정직한 너희들아 다 즐거이
외칠지어다"(시 32:9~11).

중국 춘추전국시대, 혼란기에 중국을 최초로 통일한 진나라
재상 상앙이 백성들의 신뢰를 얻기 위해 대궐 남문 앞에 나무
를 세우고 방문을 이렇게 써서 붙였습니다.

"이 나무를 옮기는 사람에게는 백금을 하사하겠다."

그런데 누구도 나무를 옮기는 사람은 없었습니다. 그래서 상
금을 천금으로 인상했지만, 그래도 옮기는 사람은 없었습니다.

회복은 생명입니다(上)

할 수 없이 상금을 만금으로 인상했더니 어떤 사람이 상금을 기대하지 않고 밑질 것도 없으니 장난삼아 나무를 옮기게 되었습니다. 그랬더니 방문에 적힌 대로 상금 만금을 하사받았습니다.

이후 진나라 백성들은 나라의 일에 대한 불신이 없어지고 신뢰하게 되었고, 진나라가 중국을 통일하는 부국강병 정책을 펴 국가의 기강을 세웠다는 이야기입니다. 이처럼 인간관계에서 신뢰는 대단히 중요합니다. 국가 경영의 책임 자리에 있는 지도자의 덕목 가운데 가장 중요한 것은 신뢰입니다.

공자의 제자인 자로가 나라 경영에서 중요한 것이 무엇이냐고 질문하자 공자는 세 가지를 말했습니다.

첫째는 족식 : 먹을 것을 걱정하지 않는 것
둘째는 족병 : 충분한 병사를 가지고 있는 것
셋째는 족신 : 백성들의 신뢰를 받는 것

그러자 자로는 이 세 가지 가운데 제일 중요한 것은 무엇이냐고 질문하자 '족신'이라고 했습니다. 정치를 하는 사람들은 백성들에게 신뢰를 받는 것이 가장 중요하다는 것입니다. 그리고 공자는 民無信不立(민무신불립)이라고 했습니다. 백성들이 믿지 않으면 아무것도 이룰 수 없다고 했습니다.

2022년 3월 31일 여론조사 기관인 '지앤컴리서치'에서 전국

성인 남녀 1,000명을 대상으로 실시한 '기독교에 대한 국민 이미지 조사' 결과 한국교회를 신뢰한다고 밝힌 비율은 18.1%입니다. 기독교인 가운데 기독교를 신뢰한다는 비율은 63.5%입니다. 기독교에 대한 호감도는 25.3%, 천주교 65.4%, 불교 66.3%에 비하면 굉장히 낮은 수치를 보이고 있습니다

그리고 한국교회 신뢰도 향상을 위해 필요한 것이 무엇이냐고 했더니 "윤리적인 삶이 필요하다. 배타적이고 독선적인 언행을 자제해야 한다" 등으로 대답했습니다. 기독교인으로서 해서는 안 될 행동들을 하고 있다는 것을 방증하고 있었습니다.

현대인들에게 신뢰는 돈보다 더 큰 가치를 가집니다. 대부분 사람이 신뢰하는 사람과 일을 하고 싶어 합니다. 신뢰하는 사람과 같이 살고 싶어 합니다. 신뢰는 관계의 기본입니다. 신뢰는 유리와 같아서 한번 깨어지면 회복하기가 거의 불가능합니다. 그렇다면 잃어버린 신뢰를 회복할 수 있는 방법은 없을까요?

달린 랜서(Darlene Lancer)라는 미국 캘리포니아의 가족 치료사는 "신뢰회복에서 가장 중요한 것은 공감과 사과"라고 하며 "대신 사과의 방식이 사람에 따라 달라야 한다"라고 했습니다.

"신뢰가 깨진 사람은 신뢰 회복에 대한 노력이 진실하다고 믿기까지 시간이 걸리기 때문에 너무 빨리 포기하면 안 된다"라고 윌리엄스 교수는 조언하고 있습니다. 미국의 관계전문가 '기이운드라 잭슨'은 "당신이 신뢰 회복을 위해서 노력한다고

해도 그 사람이 당신을 용서하거나 다시 믿어야 할 의무는 없다. 신뢰를 회복하고 싶다면 그만큼 인내하고 기다려야 한다"라고 주장하고 있습니다.

사실 우리가 신뢰할 분은 하나님 밖에 없습니다. 그렇다면 하나님을 신뢰하는 사람의 자세는 무엇일까에 대해 말씀드릴 때 은혜 받으시고 하나님을 신뢰하고 사는 성도가 되시길 축원합니다.

1. 순종입니다.

하나님의 말씀을 대하는 사람들의 태도는 순종과 불순종으로 구분됩니다. 하나님을 신뢰하는 사람들은 하나님 말씀에 순종하고 하나님을 신뢰하지 못하는 사람들은 하나님 말씀에 불순종합니다.

창세기 22장을 보면 하나님께서 아브라함에게 아들 이삭을 번제로 드리라고 말씀하셨습니다. 하나님께서는 아브라함에게 큰 복을 주고 네 씨가 크게 번성하여 하늘의 별과 같고 바닷가의 모래와 같게 하리라고 하셨습니다. 지금 아브라함에게는 독자 이삭밖에 없습니다. 그 독자를 번제로 드리라는 것입니다. 그러자 아브라함은 이것을 순종했습니다. 아브라함이 순종할 수 있었던 것은 하나님을 신뢰했기 때문입니다.

제2 성전시대에 일어났던 은혜로운 이야기가 있습니다. 로마가 성전을 둘러싸고, "성전 번제단에 불을 피우기 위해 나뭇가지를 가지고 들어갈 수 없다"라는 명령을 내렸습니다. 그래서 보초를 세워 성전 안으로 나무가 들어가지 못하도록 엄격하게 지켰습니다. 심지어는 예루살렘으로 들어가는 사람들까지 가방 속을 샅샅이 뒤졌습니다. 그래서 번제단으로 나무를 나를 수 없는 상황이 되었습니다.

그러나 놀라운 일은 번제단의 불이 꺼지지 않았다는 것입니다. 불을 꺼트리지 말라는 하나님의 명령은 불을 피우지 말라는 황제의 명령보다 강했습니다. 이런 상황에서 번제단에 불이 꺼지지 않는 비결이 있습니다. 하나님을 몹시 두려워하는 가문이 있었습니다. 이들은 벌레가 먹지 않는 온전한 나무를 잘라서 사닥다리 옆에 감쪽같이 붙였습니다.

그리고 사닥다리를 메고 당당하게 들어갔습니다. 그러면 보초가 소리를 지르며 따라오면서 "멈춰라! 그 사닥다리는 무엇이냐?"라고 하면 "우리 집 나무 위에 새집을 놓으려는 것이오. 사닥다리 없이는 도저히 새집을 놓을 수가 없소이다"라고 태연하게 말하는 유대인을 로마군인은 조금도 의심하지 않았다는 것입니다.

성전으로 들어가 그들은 사닥다리 옆에 있는 나무를 떼어내 번제단 불 속에 넣었습니다. 이렇게 반복하여 나무를 공급했더니 불이 영영 꺼지지 않았습니다. 그 후 이스라엘 백성들은 이 가문을 브나이 샬마이(Bnai Salmai)라고 불렀습니다. 이는 사닥다리 가문(The Ladder Family)이라는 의미입니다. 하나님의 명령은 황제의 명령보다 강한 것입니다.

하나님은 순종을 요구하십니다. 그러므로 하나님의 말씀에 반드시 순종해야 합니다. 그렇다면 하나님께서 순종을 요구하는 이유는 무엇일까요? 이삭을 죽여 불태워 바치는 재물을 받기 위해서 순종을 요구하시는 것이 아닙니다. 아브라함을 시험하기 위해 이삭을 바치라고 하신 것입니다.

빌리 그레함 전도집회 때 가끔 찬양을 하는 '킴 윗스'라는 자매가 있습니다. 이분은 한국 고아 출신으로 어렸을 때 미국으로 입양되어 성약을 공부하고 유명해졌습니다. 이분은 시각장애인으로 한국에 와서 간증할 기회가 있었을 때 이렇게 간증했습니다.

"저는 앞을 볼 수 없기 때문에 길을 걸을 때마다 사람들의 도움을 받습니다. 이때 저를 인도하는 분은 늘 '앞에 계단이 있어요. 앞에 웅덩이가 있어요. 앞에 사람들이 있어요'라고 바로 앞에 있는 것들을 말해줍니다. 100m, 1,000m 전방에 무엇이 있다고 말해 주지 않습니다. 그러니 저를 인도하는 분을 믿고 따르기만 하면 언제나 목적지에 안전하게 도달합니다. 그러므로 우리가 10년 후 아니 1년 후도 모르지만, 나를 인도하시는 주님의 인도를 따라 믿음으로 순종하면 광야를 지나서 마침내 약속의 땅에 도달합니다."

그렇습니다. 여러분 무엇을 조금 안다고 너무 자만하지 말고 하나님 말씀에 순종만 하고 나아가기 바랍니다. 이것이 하나님을 신뢰하는 성도의 자세입니다.

2. 기도입니다.

역대하 20장 3~4절을 보면 "여호사밧이 두려워하여 여호와께로 낯을 향하여 간구하고 온 유다 백성에게 금식하라 공포하매 유다 사람이 여호와께 도우심을 구하려 하여 유다 모든 성읍에서 모여와서 여호와께 간구하더라"고 하였습니다.

모압 자손과 암몬 자손이 마온 사람과 연합군을 이루어 쳐들어오자, 여호사밧은 하나님께 간구하고 백성들에게 금식을 선포하고 모든 성읍에 모여 하나님의 도우심을 구했습니다.

하나님을 신뢰하는 사람들은 하나님께 기도합니다. 기도하는 사람들이 꼭 기억하고 기도할 것이 있습니다. 그것은 성령에 이끌려 기도하는 것입니다. 내 욕심이나 정욕에 이끌려 기도하면 안 됩니다. 성령에 이끌리는 기도란 자기 생각이나 언어나 머리나 육신의 생각에 얽매이지 않고 하는 기도입니다.

마태복음 4장을 보면 예수님도 성령에 이끌리어 마귀에게 시험을 받으러 광야로 가셨습니다. 성령에 이끌리는 기도는 이기적인 욕망에 붙잡히지 않고 내 뜻보다는 하나님의 뜻을 구하는 기도입니다. 성령에 이끌리는 기도는 의심에 빠지지 않고 믿음으로 드리는 기도입니다. 성령에 이끌리는 기도는 영으로 하는 기도입니다.

다윗은 전쟁이 있을 때마다 항상 하나님께 엎드려 기도했습니다. 하나님께서는 그때마다 응답하셨고 그 결과 백전백승했습니다. 성도 여러분, 작은 일이나 큰일이나 염려하지 말고 기도하시기 바랍니다. 하나님께서 반드시 도와주십니다.

사사기 6장을 보면 하나님께서 기드온에게 이스라엘을 구원하라고 명하셨습니다. 그때 기드온은 하나님께 내게 이스라엘을 구원하는 것을 원하시거든 기도 응답을 구체적으로 보여 달라고 했습니다. 그러면서 양털 한 뭉치를 타작마당에 두고 아침 이슬이 양털에만 있고 마당을 젖지 않게 해 달라고 했습니다. 아침에 보니 그렇게 응답이 되었습니다.

다시 기도하기를 이번에는 마당만 젖고 양털 뭉치는 마르게 해 달라고 기도했습니다. 그런데 기드온이 기도한대로 구체적으로 응답이 되었습니다. 이때부터 기드온은 하나님의 명령에는 무조건 순종했습니다.

신앙인이면 무엇보다 열심히 기도해야 합니다. 기도할 때는 막연하게 기도하지 말고 모호하게도 기도하지 말고, 구체적으로 기도하고 믿음으로 기도해야 합니다. 하나님을 신뢰하는 사람들은 하나님께 순종하고 하나님께 기도합니다.

3. 낙심하지 않습니다.

로마서 8장 28절을 보면 "우리가 알거니와 하나님을 사랑하는 자 곧 그의 뜻대로 부르심을 입은 자들에게는 모든 것이 합력하여 선을 이루느니라"고 하였습니다.

하나님이 아버지시고 자신은 하나님의 자녀라는 확신이 있는 사람은 낙심하지 않습니다. 어떤 어려움이 있어도 모든 것을 합력하여 선하게 하시는 것을 믿는 사람은 낙심하지 않습니다. 어떤 자들이 낙심합니까? 하나님과의 관계가 분명하지 못한 자들입니다.

세계적인 부호였던 록펠러도 언젠가는 친구 권유로 광산업을 시작했다가 사기를 당해 원금까지 모두 날려 버리는 위기를 당한 적이 있습니다. 빚 독촉에 시달리던 그는 너무 괴로워 자살을 생각하기도 했습니다.

기업을 시작할 때마다 철저하게 십일조 생활을 해 온 록펠러는 황량한 폐광 바닥에 엎드려 통곡하며 "하나님의 말씀은 일점일획도 틀림없음을 믿습니다. 저는 지금까지 온전한 십일조를 드렸습니다. 그런데 왜 이런 시련을 주십니까? 하나님의 살아 계심을 보여 주십시오"라고 기도했습니다. 그때 마음속 깊은 곳으로부터 들려 오는 위로의 음성이 있었습니다.

"때가 되면 열매를 거두리라. 더 깊이 파라."

이 말씀을 믿고 록펠러는 폐광을 더 깊이 파기 시작했습니다. 사람들은 록펠러가 제정신이 아니라고 수군거렸습니다. 그러나 갑자기 황금 대신 검은 물이 분수처럼 공중으로 솟구쳤습니다. 그 액체는 석유였습니다. 이 유전으로 록펠러는 일약 거부가 되었습니다. 낙심하지 않으려면 낙심하는 이유를 알아야 합니다.

① 사실 자체보다 자기의 느낌이나 감정에 의존하면 낙심에 빠집니다.

엘리야는 왕비 이세벨이 죽이겠다고 위협하자 두려워서 자기 생명을 구하기 위해 도망쳤습니다. 두려운 느낌이 신앙의 용사인 엘리야를 사로잡은 것입니다. 사실 자체보다 자신의 느낌이나 감정을 의존하게 될 때 쉽게 낙심하게 됩니다.

② 남들과 비교할 때 낙심하게 됩니다.

엘리야는 자신감을 완전히 상실했습니다. 다른 사람과 비교해서 자신의 못난 것을 자책하고 있습니다. 다른 사람과 비교하면 쉽게 비참한 느낌을 갖게 됩니다. 남들이 성취한 것을 보면서 '과연 나는 그동안 무슨 일을 했나'라고 생각하면 상심하게 됩니다.

③ 그릇된 비관에 빠져도 낙심합니다.

④ 부정적인 면을 과대 평가해도 낙심합니다.

그렇다면 낙심에서 벗어날 방법은 무엇일까요?

① 자신의 육체의 필요를 돌보십시오.
② 하나님께 자신의 좌절감을 맡기십시오.
③ 하나님의 임재를 새롭게 해야 합니다.
④ 하나님께 당신의 인생에 새로운 방향을 제시하도록 기대하십시오.

히브리서 13장 5절을 보면 "너희를 버리지 아니하고 너희를 떠나지 아니하리라"고 하시는데 낙심할 이유가 없습니다. 사람

회복은 생명입니다(上)

들과의 관계에서도 신뢰가 필요하고 하나님과의 관계에서도 신뢰가 있어야 합니다. 무엇보다 하나님과의 신뢰 관계를 회복하고 사는 성도가 되시길 축원합니다.

22

영성

"또 형제들아 너희를 권면하노니 게으른 자들을 권계하며 마음이 약한 자들을 격려하고 힘이 없는 자들을 붙들어 주며 모든 사람에게 오래 참으라 삼가 누가 누구에게든지 악으로 악을 갚지 말게 하고 서로 대하든지 모든 사람을 대하든지 항상 선을 따르라 항상 기뻐하라 쉬지 말고 기도하라 범사에 감사하라 이것이 그리스도 예수 안에서 너희를 향하신 하나님의 뜻이니라"(살전 5:14~18).

평소보다 늦게 일어난 목사님이 새벽기도회를 인도하러 가는데, 시간적 여유가 없었습니다. 택시를 타고 가는데 택시 기사는 횡단보도를 건너는 사람도 없는데 신호등에 걸리면 마냥 서서 기다립니다. 목사님은 속이 타서 자기도 모르게 택시 기사에게 이렇게 말했습니다.

"선생님, 길 건너는 사람도 없는데 그냥 지나갑시다. 제가 너무 급해서요."

그러자 택시 기사는 이렇게 대답했습니다. "손님, 사람은 보지 않더라도 하나님께서 보고 계십니다." 이 한마디에 그 목사님은 몽둥이로 한 대 얻어맞은 것 같은 충격을 받았다고 합니다. 이 택시 기사야말로 예수 믿는 사람이 법을 지키는 자세를 보여줍니다.

그러나 오늘날의 사회는 절대적인 가치를 찾아보기 어려운 세상이 되었습니다. 아이들에게 "너, 그거 하면 안 돼"라고 말하면 열 명 가운데 아홉 명은 "세상이 다 그렇게 하는데 내가 그렇게 안 한다고 무슨 잘못이야"라고 대답할 것입니다.

러시아의 소설가이며 러시아의 양심으로 불렸던 솔제니친은 "세상 돌아가는 대로 이것도 선이고 저것도 선이라고 받아들이는 사람들을 그대로 내버려 두었다가는 상상할 수 없는 무서운 재앙이 닥쳐올 것이다"라고 경고했습니다.

세상이 아무리 부패했더라도 우리 기독교인들만이라도 기독교인답게 세상에서 빛과 소금의 역할을 감당하면 우리 사회는 치료가 될 수 있습니다. 살맛 나는 세상으로 거듭날 수 있습니다. 그렇게 하려면 신앙인의 영성을 회복해야 합니다.

우리가 사는 세상을 보십시오. 과학의 발전과 경제 성장은 인간들에게 엄청 난 혜택을 주고 있습니다. 그러나 다른 한편으로는 자연환경은 파괴되었고 인간의 삶은 오히려 고갈되어 가고 있습니다. 이런 현상은 세상적인 면에서만 그런 것이 아닙니다. 영적인 세계에서도 마찬가지입니다.

기독교와 신앙인들은 영적인 것을 추구하면서 살아야 하는데, 육적이고 물질적인 것에 관심을 쏟고 있습니다. 이렇게 되면 기독교도 희망이 없습니다. 소망 있는 기독교, 소망 있는 교회가 되려면 영성을 회복해야 합니다.

성경에는 영성이라는 단어는 없습니다. 영성이란 하나님을 믿고 거듭난 모든 자녀에게 주어진 영적인 성품을 말합니다. 영성이 회복되면 반드시 나타나는 현상이 있습니다.

① 하나님 중심입니다.

아담과 하와가 에덴동산에서 하나님 중심으로 살 때는 모든 것이 풍요로왔습니다. 그러나 자기중심으로 살게 되자 가장 먼저 영적인 죽음이 찾아왔습니다. 신앙인이면 하나님 중심으로 살아야 합니다. 하나님 중심의 삶을 산다는 것은 영성이 회복되었다는 증거입니다.

② 성경 중심입니다.

하나님 중심으로 살면 반드시 성경 중심의 삶으로 연결됩니다. 사람은 성경을 통해서 하나님의 뜻을 알고 하나님의 생각을 알고, 하나님의 역사와 악령의 역사를 분별하게 됩니다. 기독교 역사에서 유명한 성자나 영성 깊은 사람들은 모두 다 성경을 가까이 했던 사람들입니다.

③ 교회 중심입니다.
영성은 교회 생활을 통해 표현되고, 성숙되어 집니다. 사람의 영성 수준은 그 사람의 교회 생활을 보면 알 수 있습니다. 영적인 갈급함을 해결하기 위해 교회 중심이 아니라 기도원이나 교회 밖에서 해결하려는 사람들이 있습니다. 이렇게 되면 영성을 회복하기보다 영성을 상실할 가능성이 많습니다. 사도들은 가는 곳마다 먼저 교회를 세웠고 교회에 모이기를 힘쓰면서 피차 영적 유익을 도모하라고 했습니다(살전 5:11).

기독교인이 가져야 할 영성은 어떤 것일까요? 본문을 중심으로 말씀드릴 때 은혜 받으시고 혹시라도 영성을 상실했다면 회복하는 성도가 되시길 축원합니다.

1. 항상 기뻐하라.
16절을 보면 "항상 기뻐하라"고 했습니다. 기독교인이 가져야 할 영성은 기쁨입니다.

작가이면서 문학 평론가였던 임어당은 목사님의 아들로 태어났지만 어려서부터 복음을 믿지 않았습니다. 어린 시절부터 천재라고 불릴 정도로 명석했던 임어당이 보기에는 기독교 교리와 성경은 세상에 있을 수 없는 것이었습니다.

중국에서 가장 유명한 작가이자 비평가가 된 임어당은 주기적으로 기독교를 비판하고 희롱하는 글을 쓸 정도로 큰 반감을 가졌습니다. 하지만, 사회적으로 명성을 얻을수록 그의 삶은 피폐해졌습니다.

가족들은 알 수 없는 병으로 병상 신세를 졌고 가족 가운데 가장 사랑하는 딸은 세상을 떠나고 말았습니다. 하루하루가 지옥 같고 살아갈 힘이 조금도 남지 않았다고 느꼈을 때 집안일을 도와주는 가정부의 밝은 미소가 눈에 들어왔습니다. 하루는 "겨우 입에 풀칠이나 하면서 무엇이 그리 좋으냐?"라고 임어당이 물었습니다. 그러자 가정부는 이렇게 말했습니다.

"예수님을 믿으면 얼마나 인생이 즐거운지 모릅니다. 선생님도 예수님을 믿어 보세요."

가정부의 미소를 본 임어당은 교회에 나가지 않을 수가 없었습니다. 기독교를 싫어했던 임어당은 가정부의 미소로 주님을 영접했고 "나는 왜 그리스도인이 되었나"라는 간증으로 오히려 중국의 지식인들에게 복음을 전하는 삶을 살았습니다.

예수 믿으면 첫 번째 나타나는 현상이 기쁨입니다. 하박국 선지자의 고백처럼 예수 믿으면 "비록 무화과나무가 무성하지 못하며 포도나무에 열매가 없으며 감람나무에 소출이 없으며 밭에 먹을 것이 없으며 우리에 양이 없으며 외양간에 소가 없을지라도 나는 여호와로 말미암아 즐거워하며 나의 구원의 하나님으로 말미암아 기뻐하리로다"(합 3:17~18)라고 고백합니다.

기쁨은 구원의 증표요, 그리스도인의 트레이드 마크입니다. 밝은 미소는 어두운 세상을 밝히는 등불입니다. 성경은 항상 기뻐하라고 명령하고 있습니다. 항상 기뻐하는 것이 우리를 향하신 하나님의 뜻이라고 말씀합니다.

항상 기뻐할 수 있는 비결은 예수 안에서 가능합니다. 예수께서 값없이 우리의 죄와 고통을 대신 짊어지시고 죽으셨습니다. 허물 많은 인생을 하나님의 자녀로 삼아 주셨습니다. 이것만 생각해도 기뻐하지 않을 수 없습니다.

스펄전 목사님은 "은사 중에 가장 큰 은사는 웃는 은사다"라고 했습니다. 항상 불평 속에 사는 사람은 불행한 사람입니다. 그러나 웃을 수 있는 사람은 축복받은 사람입니다. 가진 것이 없어도 라면을 끓여 먹으면서도 찬송하면서 먹을 수 있는 사람은 행복한 사람입니다.

잠언 17장 22절을 보면 "마음의 즐거움은 양약이라"고 했습니다. 어떤 상황에서도 기뻐하는 사람은 하나님과의 관계가 온전하고 하나님께서 주신 일에 감사하고 있다는 증거입니다.

교회 봉사를 하면서도 기쁨이 있어야 합니다. 만일 교회 봉사를 하는데 기쁨이 없다면 바로 내려놓고 기쁨이 생기도록 먼저 기도해야 합니다. 기쁨의 영성을 가지고 사는 성도가 되시길 축원합니다.

2. 쉬지 말고 기도하라.

17절에 "쉬지 말고 기도하라"라고 했습니다. 쉬지 말고 기도하는 것을 마귀가 싫어합니다. 기도를 가리켜 영혼의 호흡이라고 합니다. 호흡이 계속되는 한 사람도 죽지 않습니다. 쉬지 말고 기도해야 함을 알면서도 기도를 쉬는 기독교인이 많습니다. 기도하기를 쉬는 이유로 세 가지가 있습니다.

① 낙심입니다.

자신이 원하는 시간에 원하는 방식으로 기도가 응답되지 않으면 '기도해도 소용없구나'라는 생각에 낙심을 합니다. 그러나 기억해야 합니다. 하나님은 모든 기도에 귀를 기울이십니다. 하나님의 가장 지혜로운 방법으로 가장 정확한 때에 응답하십니다. 그러므로 기도가 응답이 안 되는 것 같아도 기도를 쉬면 안 됩니다. 항상 기도해야 합니다. 쉬지 말고 기도해야 합니다.

② 너무 좋은 환경입니다.

삶에 아무런 문제가 없을 때 사람들은 기도를 쉽니다. 어려워져야 기도합니다. 당연히 어려우면 기도해야 하지만 평상시에도 기도해야 합니다. 사업이 잘되고, 진급이 잘되고, 자녀들이 잘되어도 기도해야 합니다. 잘될 때 기도 안 하면 교만해지기 쉽습니다. 그러므로 평안할 때는 더 기도해야 합니다. 감사하면 기도하고 남을 위해서, 나라를 위해서, 교회를 위해서 기도해야 합니다.

③ 바쁠수록 더 기도해야 한다.

바빠서 기도할 시간이 없다고 말하는 사람들이 있습니다. 그러나 바쁠수록 더 기도해야 합니다. 바쁘다는 것은 내가 감당해야 할 일이 많다는 것입니다. 이럴 때는 더 지혜와 능력이 요구됩니다. 그러기에 더 기도해야 합니다.

2차 세계 대전 중에 한 영국 병사가 자기 병영 근처의 숲속에 몰래 웅크린 채 누군가를 향해 이야기했다는 죄목으로 붙잡혔습니다. 그는 자신은 기도하고 있었을 뿐 적과 소통하지 않았다고 했습니다. 그는 결백을 주장했지만, 아무도 그의 말을 믿으려 하지 않았습니다.

그는 즉시 적과 소통했다는 죄목으로 기소되어 군 재판소로 이첩되었습니다. 그의 판결을 맡은 장교가 그에게 물었습니다. "정말 평소에 기도하는 습관이 있는가?" 그는 자신 있게 대답했습니다. "네 그렇습니다."

그러자 기다렸다는 듯이 장교는 명령했습니다. "그렇다면 지금 당장 무릎을 꿇고 기도해 보게." 장교의 말이 떨어지기 무섭게 병사는 무릎을 꿇고 기도하기 시작했습니다. 막힘없이 국가와 동료들과 자신을 위하여 하나님 앞에 간절히 기도하였습니다.

그가 기도를 끝내자, 장교는 말했습니다. "기도가 좋다. 나는 네 말을 믿을 수 있다. 평소에 자주 기도해 오지 않았다면 결코 그렇게 기도할 수 없었을 테니까 말이다."

쉬지 말고 기도해야 합니다. 어떤 일은 열심히 기도하면서 했는데 실패했다면 그것은 실패가 아니라 성공입니다. 예수 믿는 우리에게 기도보다 더 중요한 무기는 없습니다. 기도로 문제를 해결하며 사는 성도가 되시길 축원합니다.

3. 범사에 감사하라.

18절을 보면 "범사에 감사하라 이것이 그리스도 예수 안에서 너희를 향하신 하나님의 뜻이니라"고 했습니다.

　세계 최고의 갑부였던 카네기도 한때 자살하려고 했던 적이 있었습니다. 경제 공황 당시 카네기는 절망에 빠지게 되었습니다. 아무리 노력해도 점점 어려운 상황만 만들어졌습니다. 그래서 아침 일찍 강에 빠져 죽으려고 달려가는데 자기를 부르는 소리가 들렸습니다. 뒤를 돌아보니 두 다리를 잃고 네 개의 바퀴가 달린 판자 위에 앉아 있는 청년이었습니다.

　옷차림이나 외모는 어렵게 살아 힘들어 보이는데 얼굴은 미소가 가득했습니다. 청년은 연필 한 자루만 팔아 달라고 카네기에게 부탁했습니다. 카네기는 1달러를 주고는 죽기 위해 돌아섰습니다. 그때 돌아선 카네기를 청년이 부르면서 "돈을 냈으니, 연필을 가져야 합니다"라고 말했습니다. 자살을 계획했으니, 연필은 필요 없기에 받지 않으려고 하고, 청년은 돈을 냈으니 받아야 한다고 실랑이를 했습니다.

　그런데 그 과정에서 청년은 미소가 끊이지 않았습니다. 카네기는 청년의 모습에서 큰 도전을 받았습니다. 신체적으로나 물질적으로나 어려운 청년이 생계를 위하여 연필을 팔면서 얼굴에 미소가 가득한데 자신은 그에 비해 가진 것이 너무도 많은데 죽으려고 했던 사실이 부끄러웠습니다.

　카네기는 자살하려는 마음을 버리고 하나님 앞에 회개했습니다. 그 후 하나님을 경외하는 마음으로 사업을 시작한 그는 대성하게 되었고, 인류 역사상 최고의 갑부가 되었습니다.

우리는 가진 것이 많습니다. 그러나 없는 것만 생각하고 원망하고 불평합니다. 범사에 감사하라고 하셨으니 감사의 조건을 찾아 감사하시기 바랍니다.

18세기의 가장 유명한 기도의 사람들은 "만일 어떤 사람이 인생의 행복과 만족을 찾는 가장 빠르고 확실한 방법이 무엇이냐고 묻는다면 그 사람에게 어떤 사건이 일어나든지 그 사건에 무조건 하나님께 감사하고 찬양하라고 대답하겠다"라고 말씀했습니다.

감사하는 사람 앞에 마귀는 무력해집니다. 사람들은 왜 범사에 감사하지 못할까요? 인간적으로 보기 때문입니다. 인간적인 눈은 불신앙의 눈입니다. 이렇게 보면 아무리 좋은 환경도 부정적으로 보입니다. 항상 영성을 상실하지 말고 회복하고 사시길 축원합니다.

23

열정

"형제를 사랑하여 서로 우애하고 존경하기를 서로 먼저
하며 부지런하여 게으르지 말고 열심을 품고 주를 섬기라 소망
중에 즐거워하며 환난 중에 참으며 기도에 항상 힘쓰며 성도들
의 쓸 것을 공급하며 손 대접하기를 힘쓰라"(롬 12:10~13).

어떤 목사님의 책을 보면 아가씨와 아줌마의 차이점을 이렇
게 설명하고 있습니다.

"가게에 갔을 때 종업원이 언니하고 부를 때 아가씨는 덤덤해
하지만, 아줌마는 무척 좋아합니다. 차를 운전할 때도 아가씨는
선글라스를 끼고 거의 맨손으로 하지만 아줌마는 차양 달린 모
자를 쓰고 목장갑을 낍니다. 화장실에서 나올 때 아가씨는 옷
매무새를 다 갖춘 다음에 나오지만, 아줌마는 치마를 끌어 올
리면서 나옵니다. 버스나 전철에서 빈자리가 생겼을 때 좌우를

살피고 조심스럽게 앉으면 아가씨이고, 핸드백을 집어 던지면서 몸을 날리면 아줌마라고 합니다."

문제는 아가씨면 어떻고, 아줌마면 어떻습니까? 아줌마 같은 아가씨도 있고, 아가씨 같은 아줌마도 있습니다. 중요한 것은 아줌마와 아가씨가 아니고, 나이도 아닙니다. 아무리 나이가 들고 결혼했다고 해도 열정이 있으면 젊은 사람이고 아무리 젊었어도 열정이 식은 사람은 늙은 사람입니다.

GE(제너럴 일렉트릭) 코리아 이채욱 회장은 삼성에서 자랐지만, 제너럴 일렉트릭 회장이 이건희 회장에게 직접 편지를 해서 스카우트해 간 인물입니다.

이채욱 회장의 책 '백만 불짜리 열정'이라는 책을 보면 직장이나 인생의 리더로 성공하기 위해 갖추어야 될 첫 번째 조건이 있다면 그것은 열정이라고 기록하고 있습니다.

직장이나 인생뿐이 아니고 신앙생활에도 열정을 상실하면 라오디게아교회처럼 책망받을 수밖에 없습니다. 요한계시록 3장을 보면 라오디게아교회는 신앙의 열정을 상실했다고 책망을 받았습니다. 그러므로 신앙인뿐만 아니라 모든 사람이 무슨 일을 하든지 열정을 회복해야 합니다.

요즘 카페가 유행입니다. 민들레 영토라는 카페가 있습니다. 민들레 영토의 대표는 지승룡 씨입니다. 이분은 연세대학교 신학과를 졸업하고 장로회 신학대학원을 졸업하고 우리 교단에서 목회를 했습니다. 그러나 가정생활의 위기를 겪으면서 목회를 그만두고 3년 정도 백수로 지냈습니다. 가정생활에 실패하고 목회에도 실패한 그는 실패한 인생 같았습니다.

그러나 백수생활 3년 동안 도서관을 다니면서 2,000권에 가까운 책을 읽었습니다. 하루에 두 권 정도 책을 읽었으니까 그야말로 독서에 미쳤습니다. 무슨 일을 해도 미칠 정도로 하면 성공합니다. 지승룡 씨가 2,000권의 책을 읽고 시작한 것이 민들레영토입니다.

그의 성공 요인은 'mother marketing'입니다. 마음껏 퍼주는 어머니의 마음으로 고객을 섬기는 것입니다. 5,000원만 내면 커피와 음료수, 빵이나 컵라면까지 마음껏 리필해서 먹을 수 있게 한 것입니다. 독서에 대한 열정이 지승룡 씨를 성공하게 만들었습니다.

불가능을 가능케 하고 자신의 단점을 극복하며 한 가지에 몰입하게 만드는 비밀은 열정입니다. 열정은 실패를 딛고 성공의 길로 인도합니다. 그래서 "당신의 열망이 당신의 운명을 결정한다"라는 유명한 말이 있습니다.

열정은 자본과 인맥과 학력보다 중요합니다. 열정이 없다면 좋은 실력과 자본과 인맥도 힘을 쓰지 못합니다. 그러나 열정은 평범한 사람을 비범한 사람으로 만들고 불가능을 가능케 합니다.

본문 11절을 보면 "부지런하여 게으르지 말고 열심을 품고 주를 섬기라"고 했습니다. 열정이 식었다면 회복하셔서 열정적인 삶을 사시길 축원합니다.

1. 엘리야입니다

엘리야는 기원전 9세기경 북이스라엘에서 활동하였던 예언자입니다. 엘리야는 기적의 사람이요, 이단을 박멸한 사람이고 십계명 가운데 3계명인 "우상숭배 하지 말라"는 계명을 철저하게 지키도록 모범을 보인 열정적인 선지자입니다.

이런 열정적인 선지자이지만 이세벨이 죽여 버리겠다고 협박하자 겁을 먹고 죽을힘을 다해 약 150km를 도망하여 브엘세바에 도착했습니다. 여기서도 불안하여 하룻길을 걸어 도망을 갔습니다. 도망 다니는 엘리야에게 하나님은 먹을 것을 주시고 더 도망할 수 있는 힘도 주셨습니다.

하나님의 도움으로 힘을 얻었다면 회개해야 할 텐데 회개하지 않고 300km를 걸어서 호렙에 도착했습니다. 도망 다니는 엘리야가 "하나님, 저들이 나의 생명을 찾아 죽이려고 합니다. 나도 괴로워서 더 이상 살고 싶지 않습니다 나를 죽여 주시옵소서"라고 했습니다. 엘리야가 이렇게 초라하고 비신앙적인 모습을 가졌습니다.

그럼에도 엘리야는 능력의 선지자로 구약을 대표하는 선지자입니다. 하나님께 대한 남다른 열정이 있었습니다. 그래서 하나님의 명령대로 아합을 찾아가서 당신이 하나님의 명령을 버리고 바알을 따랐다고 말하면서 바알 선지자 450명과 아세라 선지자 400명을 갈멜산으로 나오라고 선포했습니다

나오라고 한 이유가 무엇입니까? 친교를 위한 모임이 아닙니다. 하나님이 참 신인지, 바알과 아세라가 참 신인지를 결판하자는 것입니다. 이것은 엘리야의 열정입니다. 이때 이스라엘 백성들은 어느 편에 서야 할지 몰라서 우물쭈물하는 것을 보고 꾸짖어 말합니다.

"너희가 어느 때까지 두 사이에서 머뭇머뭇 하려느냐 여호와가 만일 하나님이면 그를 쫓고 바알이 만일 하나님이면 그를 쫓을 지니라."

하나님의 백성들이 타락하여 이방 신을 섬길 때 엘리야는 하나님이 참 하나님인 것을 보여 주기 위해 대결을 했던 것입니다. 한때 죽기를 구했던 나약한 모습도 있었지만, 이방 선지자 850명을 호령할 때의 엘리야의 열정, 담대함은 모든 신앙인이 모범으로 삼아야 할 열정입니다. 엘리야의 담대한 열정을 본받

고 사는 성도가 되시길 축원합니다.

2. 다윗입니다.

다윗은 이스라엘 민족 전체와 인류역사를 통틀어 하나님을 향한 열정이 가장 컸던 사람입니다. 하나님께서는 다윗에게 "내 마음에 맞는 사람이라 내 뜻을 다 이루리라"(행 13:22)고 하신 것입니다.

마음에 맞았다는 것은 하나가 되었다는 것입니다. 하나님 마음이 다윗의 마음이고, 다윗의 마음이 하나님의 마음이라는 것입니다. 성경을 보면 다윗의 열정을 찾아볼 수 있습니다.

첫째는 하나님의 언약궤입니다. 이스라엘 백성들이 불레셋 군대에게 하나님의 언약궤를 탈취당했습니다. 그럼에도 불구하고 이스라엘의 왕이 된 사울 왕은 하나님의 언약궤를 찾아오려는 시도를 제대로 하지 않았습니다. 그러나 다윗은 하나님의 언약궤에 대한 불타는 소원을 가졌습니다.

다윗은 왕이 되자 군사력을 보강하고 첫 번째 국가적 사업으로 하나님의 임재의 상징인 하나님의 언약궤를 찾아오기로 했습니다. 세상 지도자나 왕들은 높은 자리를 차지하면 첫 번째로 하는 작업이 자신의 권력 강화와 관련된 일을 합니다. 그러나 다윗은 군사적으로 강대국인 블레셋과의 전쟁을 불사하고 하나님의 언약궤 회복에 국력을 기울였습니다.

둘째는 성전 건축입니다. 이스라엘 민족이 출애굽하여 광야 교회를 이룬 후부터 다윗 시대까지 수백 년이 흘렀지만, 그 누구도 하나님의 언약궤를 보관할 성전 건축을 꿈꾸는 사람은 없었습니다. 그러나 다윗은 하나님의 언약궤를 보관하고 백성들이 하나님을 향해 기도할 성전 건축을 소원했습니다.

다윗은 성전 건축에 대한 원대한 포부를 나단 선지자에게 말했습니다. 그러자 나단 선지자는 감동을 받았습니다. 누구도 생각지도 못하고, 꿈꾸지도 않았던 일이었으므로 나단 선지자는 다윗의 성전 건축 계획에 적극적으로 찬성했습니다. 그러나 하나님은 나단 선지자를 통해 성전건축 불허라는 응답을 다윗 왕에게 주셨습니다.

셋째는 성전 건축 준비입니다. 다윗이 전쟁을 통해 많은 사람의 피를 흘리게 한 까닭에 성전 건축을 허락하지 않는다고 말씀하셨습니다. 성전이란, 하나님 임재의 상징입니다. 하나님께서 우리를 만나는 장소입니다. 평화와 기쁨의 장소, 신랑되시는 그리스도와 신부인 우리의 결혼 예식 장소입니다. 만민이 하나님을 향해 기도하는 집입니다.

그러므로 피를 흘린 사람의 손으로 하나님의 성전을 건축하는 것은 불가능한 일입니다. 다윗은 하나님의 성전 건축 불허에 대해 불편한 마음을 가지지 않았습니다. 성전을 짓는 것은 불가능했지만 자기의 아들이 성전을 지을 수 있도록 최선을 다해서 성전 건축에 필요한 재료를 준비했습니다.

다윗이 죽은 다음 솔로몬 성전이 건축되었지만, 솔로몬 성전이나 스룹바벨 성전이나 헤롯 성전도 세상에 남아 있지 않습니다. 그 이유는 사람이 지은 성전은 참 성전이 아니라 그림자일 뿐이기 때문입니다. 성전 그 자체이신 예수 그리스도만이 영원합니다. 그리스도 예수님은 스스로 다윗의 뿌리요, 다윗의 자손이라고 선포하셨습니다.

이스라엘의 누구도 시도하지 않았던 언약궤 회복의 노력과 하나님을 향한 수많은 사랑과 감사의 고백이 담긴 찬양, 하나님 말씀에 대한 절대적인 순종으로 인해 하나님께서는 다윗을 너무 기뻐하셨습니다.

성전 건축은 허락하지 않으셨지만, 하나님은 다윗에게 열 가지 복을 약속하셨습니다. 그리고 그 복은 사무엘하 7장 8~15절 통해 약속하시고 다 성취가 되었습니다.

3. 바울입니다.

사람이 어떤 일에 전문가가 되고자 한다면 그 일에 미쳐야 합니다. 여기서 미친다는 것은 정신이 이상한 것이 아니라 그 일에 완전히 빠지는 것입니다. 세계적으로 이름을 남긴 위인들을 보십시오.

에디슨, 베토벤, 루터, 레오나르도다빈치 이런 사람들은 자기 분야에 완전히 빠진 분들입니다. 사도 바울은 복음에 미친 사람입니다. 그래서 바울을 통해 신약성경 27권 가운데 13권이 기록되었습니다.

바울을 통해 전 세계 복음화의 터전이 마련되었습니다. 그렇다면 바울이 복음의 열정을 갖게 된 원동력은 무엇일까요?

① 소명의식입니다.

로마서 1장 1절을 보면 "하나님의 복음을 위하여 택정함을 입었으니"라고 했습니다. 과거 바울은 예수 그리스도를 핍박했습니다. 그러나 예수 그리스도를 만나는 체험을 통해 강렬한 소명의식을 갖게 되었습니다. 그래서 다른 소명은 없고 오직 복음 전파만 된다면 죽어도 좋고 살아도 상관없다는 태도를 갖게 되었습니다.

바울은 복음을 전하면서 수없이 매를 맞고, 투옥되고, 온갖 핍박을 받으면서도 멈추지 않고 복음을 전했던 이유는 복음의 열정 때문입니다.

②빚 진자 사상입니다.

로마서 1장 14절을 보면 "헬라인이나 야만인이나 지혜 있는 자나 어리석은 자에게 다 내가 빚진 자라"고 했습니다. 바울은 특히 이방인들에게 복음의 빚을 졌다는 생각을 가지고 열심히 복음을 전했습니다.

바울뿐만 아니라 우리도 빚진 자입니다.

1) 은혜의 빚진자입니다.

죄사함을 받은 것과 구원 받은 것과 의롭다 하심을 얻은 것은 은혜로 된 것입니다.

2) 사랑의 빚진 자입니다.

우리도 하나님의 사랑을 받을 만한 아무런 조건이 없습니다. 그럼에도 불구하고 하나님은 우리를 사랑하십니다. 그렇다면 우리도 하나님을 사랑하고 이웃을 사랑해야 합니다.

3) 복음의 빚진자입니다.

유대 땅 베들레헴에 시작된 복음이 우리에게까지 전해지는 데는 온갖 어려움이 있었습니다. 그런데도 죽음을 각오하고 복

음 전했기에 우리가 구원받았습니다. 그렇다면 우리도 열심히
복음 전하므로 복음의 빚을 갚아야 합니다.

 엘리야와 다윗과 바울은 열정의 사람이었기에 하나님께 귀
하게 쓰임 받았습니다. 여러분에게 열정이 있습니까? 혹시라
도 열정이 식었다면 회복하셔서 하나님께 쓰임 받는 성도가 되
시길 축원합니다.

24

은혜

"여호와께서는 순진한 자를 지키시나니 내가 어려울 때에 나를 구원하셨도다 내 영혼아 네 평안함으로 돌아갈지어다 여호와께서 너를 후대하심이로다 주께서 내 영혼을 사망에서, 내 눈을 눈물에서, 내 발을 넘어짐에서 건지셨나이다 내가 생명이 있는 땅에서 여호와 앞에 행하리로다 내가 크게 고통을 당하였다고 말할 때에도 나는 믿었도다 내가 놀라서 이르기를 모든 사람이 거짓말쟁이라 하였도다 내게 주신 모든 은혜를 내가 여호와께 무엇으로 보답할까 내가 구원의 잔을 들고 여호와의 이름을 부르며 여호와의 모든 백성 앞에서 나는 나의 서원을 여호와께 갚으리로다"(시 116:6~14).

존 번연이 쓴 천로역정이라는 책을 보면 어느 날 기독도가 방에 들어갔는데 먼지가 30cm 정도나 쌓여 있었습니다. 그래서 한 소년이 빗자루를 들고 들어가 쓸었더니 먼지가 뽀얗게 일어나 온 방 안에 자욱하더니 바닥에 가라앉았습니다. 그래서 안

내자에게 "이것이 무엇이냐?"고 물었더니 율법이라고 대답합니다.

다른 방에 들어갔더니 그 방에도 똑같이 먼지가 쌓였는데 이번에는 한 소녀가 들어와서 물로 깨끗이 씻어냅니다. 그래서 "이것이 무엇이냐?"고 물었더니 "은혜"라고 대답했습니다.

이 이야기는 율법의 행위로는 아무리 죄를 없애려고 노력한다고 해도 여전히 죄의 먼지 속에 매여 살 수밖에 없지만, 하나님의 은혜의 물, 다시 말씀드리면 예수님의 보혈로 모든 죄가 씻음 받고 정결하게 살 수 있다는 것입니다.

우리는 하나님의 은혜 없이는 한 시도 살 수가 없습니다. 인간은 하나님이 버리시면 잠시도 견딜 수 없는 무력한 존재입니다. 하나님은 모든 인간에게 일반적인 은혜를 주셨습니다. 공기와 햇빛과 비와 양식 같은 일반적 은혜를 주셨습니다.

그리고 사람들을 선택하셔서 특별 은혜를 주셨습니다. 예수 그리스도십니다. 예수를 믿음으로 구원받고, 하나님의 자녀가 되고, 영생을 받은 것은 하나님의 특별 은혜입니다.

영원한 천국에 가는 것도 하나님의 특별 은혜로 가능합니다. 신앙생활 한다고 하면서 인간의 노력과 자신의 공로를 내세우는 사람들이 있습니다. 중세시대 로마 가톨릭에서는 사람이 의롭게 되는 것은 공덕축적 사상에 두었습니다. 그래서 선행을 많이 하는 것으로 구원의 자격을 논했습니다.

그러나 개혁자들은 오직 은혜를 구호로 외치며 구원 얻는 도리를 예수 그리스도의 십자가 공로에 의한 것임을 강조합니다. 그렇습니다. 아무리 훌륭하고 인격적인 인간이라도 하나님 앞에서는 죄인입니다.

그러나 하나님의 은혜를 힘입게 되면 무능한 인간이 가장 위대한 인물로 드러나게 됩니다. 우리가 의롭다고 하심을 얻고, 죄사함을 받고, 구원받고, 영적인 선물을 받는 것은 은혜입니다.

하나님의 축복은 은혜라는 통로로 시작됩니다. 은혜는 평범한 사람을 위대한 사람으로 만듭니다. 보통 사람을 탁월한 사람으로 만드는 것이 은혜입니다. 쓸모없는 인생이 가장 쓸모 있는 인생으로 변화시키는 것이 은혜입니다.

은혜란 받을 자격이 없는 사람에게 거저 주시는 선물입니다. 구원받을 자격이 없는데 하나님의 은혜로 구원받게 되었습니다. 은혜란 아무런 자격이 없는 사람들에게 거저 주시는 하나님의 은총입니다. 거듭나고, 아름답게 살고, 사명자가 되고, 귀한 직분자가 된 것도 하나님의 은혜입니다.

감리교의 창시자 존 웨슬레가 6살 때 집에 큰불이 났습니다. 그때 간신히 구출된 직후 바로 지붕이 무너져 내렸습니다. 그 사건을 웨슬레는 평생 잊지 않고 자신을 "타다 남은 불꼬챙이"로 여겼습니다. 그렇게 계속 하나님의 구원의 은혜를 생각하며 살다 보니 '타다 남은 불꼬챙이'가 '타오르는 불방망이'가 되어 세계 역사상 가장 위대한 전도자가 되었습니다.

바울은 "나의 나 된 것은 하나님의 은혜이다"라고 했습니다. 성도 여러분, 은혜 속에서 살고 있습니까? 아니면 은혜라는 생각은 사라지고 자신의 노력이라는 생각으로 가득합니까?

신앙인은 은혜 속에 사는 사람입니다. 은혜를 상실했다면 회복하는 성도가 되시길 축원합니다. 본문을 보면 은혜에 대해서 세 가지를 말씀하고 있습니다.

1. 나를 구원하셨도다.

6절을 보면 "여호와께서는 순진한 자를 지키시나니 내가 어려울 때에 나를 구원하셨도다"라고 했습니다.

8절에 "주께서 내 영혼을 사망에서, 내 눈을 눈물에서, 내 발을 넘어짐에서 건지셨나이다"라고 하셨습니다.

시편 기자는 "나를 구원하셨도다. 내 발을 넘어짐에서 건지셨나이다"라고 했습니다. 하나님께서 자신을 구원하셨음을 말씀하고 있습니다. 신앙인이라면 하나님께서 자신을 구원하셨다는 사실을 분명하게 기억해야 합니다.

바울은 과거 율법에 충실했던 사람입니다. 교회를 핍박하고 예수 믿는 자들을 잡아 가두는 것을 당연하게 생각했습니다. 이런 바울이 주님께 충성하는 사람이 되었고, 교회를 세우고, 복음을 전파하는 일에 목숨을 건 것은 주님의 은혜를 기억했기 때문입니다.

은혜를 받았다면 받은 은혜를 기억해야 합니다. 하나님은 이스라엘 백성들에게 누누이 은혜를 기억하라고 했습니다.

"애굽에서 구원해 내신 하나님을 기억하라"(신 5:15).
"큰 시험과 이적과 기사와 강한 손과 편 팔을 기억하라"(신 7:19).
"너로 광야의 길로 걷게 하신 것을 기억하라"(신 8:2).
"네 하나님 여호와를 기억하라"(신 8:18).

신앙인이면 반드시 과거에 받은 은혜를 기억해야 합니다. 그럴 때 기쁨과 감사와 감격이 있습니다. 사무엘상 7장을 보면 사무엘은 미스바와 센 사이에 돌을 세우고 "여호와께서 여기까지 우리를 도우셨다"라고 하고 그 이름을 에벤에셀이라고 했습니다.

아프리카의 어느 마을에는 고마움을 표현하는 독특한 풍습이 있다고 합니다. 이 마을 주민들은 다른 사람에게 은혜를 받았다며 그날 밤 그 집 마당에 무릎을 꿇고 조용히 머리를 숙여 밤새 앉아 있어야 합니다. 비가 와도 움직이지 않고 꼬박 비를 맞으며 은혜 베푼 사람의 고마움을 가슴에 새기는 것입니다. 만

회복은 생명입니다(上)

일 이렇게 하지 않으면 그 사람은 마을에서 집단으로 원성을 듣거나 쫓겨나기까지 한다고 합니다.

은혜 베푼 사람을 잠시라도 생각하며 은혜를 기억하고 감사함을 잊지 않고 표현하는 것은 대단히 중요합니다. 신앙인이면 받은 은혜가 많습니다. 그 가운데 가장 중요한 은혜는 구원의 은혜입니다.

강철왕 카네기는 '구원의 은혜'에 대하여 "빚은 다 갚을 수 있지만 우리가 받은 은혜는 영원히 갚지 못한다"라고 했습니다.

칼 바르트(Karl Barth)라는 신학자는 "나는 공짜로 받았지만, 하나님은 엄청난 값을 지불하신 것이 십자가의 은혜다"라고 말했습니다.

우리는 아무 노력도 하지 않고, 수고하지 않고, 있는 그대로, 못난 그대로, 빈손 그대로 주님께 나와서 믿음으로 구원받지만, 하나님 편에서는 독생자를 주시고 예수님 편에서는 몸을 찢고, 피를 흘리는 엄청난 고통의 대가를 지불하고 우리에게 주신 것입니다.

너무 값이 비싸기 때문에 우리가 도저히 그 값을 지불할 수가 없습니다. 우리는 공짜로 받았지만, 하나님의 희생은 하늘보다 높고 바다보다 깊습니다. 외아들을 내어 주시고 예수님은 몸을 찢고 피를 흘린 엄청난 고통을 당하시면서 우리를 위해서 모든 것을 다 이루어 주신 것입니다. 하나님의 은혜로 구원받았음을 기억하고 사는 성도가 되시길 축원합니다.

2. 여호와 앞에 행하리로다.

9절 말씀을 보면 "내가 생명이 있는 땅에서 여호와 앞에 행하리로다"라고 했습니다.

여호와 앞에서 행한다는 말씀은 하나님의 축복 속에 이 세상에서 형통한 삶을 살면서 하나님의 은혜를 찬송하는 것을 말합니다. 받은 은혜를 만족하는 것입니다.

지금까지 지내온 것이 하나님의 은혜이고, 지금도 하나님의 은혜로 산다는 것입니다. 사람의 욕심은 한이 없습니다. 모든 강물은 바다로 흐르지만, 바다를 채우지 못합니다. 눈은 보아도 족함이 없고 귀는 들어도 차지 않습니다. 말 타면 종 부리고 싶고, 앉으면 눕고 싶습니다. 자전거 한 대만 있으면 소원이 없겠다던 사람도 막상 자전거를 사면 자가용이 눈앞에서 떠나지 않습니다. 단칸방이라도 내 집만 있으면 여한이 없겠다고 하지만 창문으로 보이는 30평 아파트가 눈이 시리도록 아른거리는 것이 사람입니다.

적당한 욕심은 발전을 가져옵니다. 그러나 욕심이라는 승용차에는 브레이크가 없습니다. 그러므로 현재에 만족하는 지혜가 필요합니다. 바울은 "내가 비천에 처할 줄도 알고 풍부에 처할 줄도 알아 모든 일에 배부르며 배고픔과 풍부와 궁핍에도 일체의 비결을 배웠노라"(빌 4:12)고 했습니다.

고린도전서 15장 10절을 보면 "그러나 내가 나 된 것은 하나님의 은혜로 된 것이니 내게 주신 그의 은혜가 헛되지 아니하여 내가 모든 사도보다 더 많이 수고하였으나 내가 한 것이 아니요 오직 나와 함께 하신 하나님의 은혜로라"고 했습니다.

과거에는 핍박자였지만 지금은 사도가 되었습니다. 전에는 마귀에게 끌려다녔지만, 지금은 하나님의 종이 되었습니다.

김익두 목사님은 안악 산골에서 소문난 깡패였습니다. 사람들이 장날에 서낭당을 지나가면서 "김익두를 만나지 않게 해 주세요"라고 빌고 지나갈 정도였습니다. 그러던 김익두가 하나님의 은혜로 예수 믿고 새사람이 되었습니다. 그는 세례받던 날 친구들과 지인들에게 자신의 부고장을 돌렸습니다.

"깡패 김익두 사망"

그리고 새사람이 된 뒤에 자기가 괴롭히던 사람들을 찾아다니면서 용서를 빌었습니다. 그러면서 이렇게 말했습니다.

"과거에 여러분들을 괴롭히던 김익두는 이미 죽었습니다. 여기 서 있는 사람은 새롭게 거듭난 김익두입니다. 그러니 여러분도 저처럼 예수 믿고 새사람 되시오."

그 후 그는 목사가 되었습니다. 그리고 가는 곳마다 "나 같은 죄인 살리신 주 은혜 놀라와"를 간증했습니다.

성도 여러분, 받은 은혜를 기억하시고 지금도 은혜 속에 살고 있음을 감사하며 사시길 축원합니다.

3. 내가 여호와께 무엇으로 보답할까?

12절을 보면 "내게 주신 모든 은혜를 내가 여호와께 무엇으로 보답할까"라고 했습니다.

하나님의 은혜를 기억하고 받은 은혜에 만족하는 사람은 어떻게 하면 받은 은혜를 보답할 것인가를 생각해야 합니다.

미국에는 강철왕이었던 카네기라는 사람이 있었고 교육가 중에도 카네기라는 사람이 있습니다. 교육가 카네기는 천둥 번개가 치면 벼락 맞을까 걱정, 불경기 때는 굶지 않을까 걱정, 교회에 가면 잘못 믿어 지옥갈까 걱정, 어렸을 때 친구와 싸우면서 귀를 잘라 버리겠다고 하여 귀 잘라 질까 걱정. 운전을 잘해도 상대방이 부딪쳐 올까 걱정했다고 합니다.

그런데 회개하고 은혜 속에서 믿음으로 사니까 일평생 걱정했던 일 가운데 하나도 일어나지 않았다고 합니다. 다시 말하면 100% 괜히 걱정했다는 것입니다.

　성도 여러분, 장래에 대해서 걱정할 것 없습니다. 받은 은혜를 생각하며 받은 은혜를 보답하며 살겠다는 자세로 살면 하나님께서 반드시 복을 주십니다. 은혜는 보답해야 합니다.

　원수는 물에 새기고 은혜는 돌에 새기라는 말이 있습니다. 말하기는 쉽지만 실천하기는 어려운 말입니다. 대부분의 사람은 원수는 돌에 새기고, 은혜는 물에 새깁니다. 원수 갚기는 쉬워도, 은혜 갚기는 그만큼 어렵다는 것입니다.

　본문 13~14절을 보면 은혜를 보답하는 세 가지 방법을 말씀하고 있습니다.

　① 13절 상반절을 보면 "내가 구원의 잔을 들고"라고 했습니다.

　구원의 잔이란 감사 제사를 드릴 때 제물 위에 붓는 포도주를 의미합니다. 이것을 전제 또는 관제라고 하는데 하나님을 섬기는 사람들의 헌신적인 봉사와 주를 위해 생명까지 기꺼이 내놓을 수 있는 거룩한 희생을 상징합니다. 하나님의 은혜를 보답하기 위해서는 자기를 온전히 제물로 드리는 것을 뜻합니다.

　② 13절 하반절에 "여호와의 이름을 부르며"라고 했습니다.

　여호와의 이름을 부른다는 것은 오직 하나님께 영광을 돌리고 그 이름을 높이는 것을 뜻합니다.

③ 14절에 "여호와의 모든 백성 앞에서 나의 서원을 여호와께
  갚으리로다"라고 했습니다.

모든 백성 앞에서 자신의 서원을 여호와께 갚는다는 것입니
다. 일단 서원한 것은 갚아야 합니다.

성도 여러분, 신앙인은 하나님의 은혜를 기억해야 합니다. 하
나님의 은혜에 만족해야 하고 은혜를 보답해야 합니다. 혹시 은
혜를 상실했다면 회복하시길 축원합니다.

25

정결

"여호와께서 모세와 아론에게 말씀하여 이르시되 여호와께서 명령하시는 법의 율례를 이제 이르노니 이스라엘 자손에게 일러서 온전하여 흠이 없고 아직 멍에 메지 아니한 붉은 암송아지를 네게로 끌어오게 하고 너는 그것을 제사장 엘르아살에게 줄 것이요 그는 그것을 진영 밖으로 끌어내어서 자기 목전에서 잡게 할 것이며 제사장 엘르아살은 손가락에 그 피를 찍고 그 피를 회막 앞을 향하여 일곱 번 뿌리고 그 암소를 자기 목전에서 불사르게 하되 그 가죽과 고기와 피와 똥을 불사르게 하고 동시에 제사장은 백향목과 우슬초와 홍색 실을 가져다가 암송아지를 사르는 불 가운데에 던질 것이며 제사장은 자기의 옷을 빨고 물로 몸을 씻은 후에 진영에 들어갈 것이라 그는 저녁까지 부정하리라 송아지를 불사른 자도 자기의 옷을 물로 빨고 물로 그 몸을 씻을 것이라 그도 저녁까지 부정하리라 이에 정결한 자가 암송아지의 재를 거두어 진영 밖 정한 곳에 둘지니 이것은 이스라엘 자손 회중을 위하여 간직하였다가 부정을 씻는 물을 위해 간직할지니 그것은 속죄제니라 암송아지의 재를 거둔 자도 자기의 옷을 빨 것이며 저녁까지 부정하리라 이

는 이스라엘 자손과 그중에 거류하는 외인에게 영원한 율례니라"(민 19:1~10)

루빈스타인(Rubinstein)이라는 세계적인 피아니스트가 연주를 하기 위해 일본 동경을 방문했습니다. 당시 한국일보 사장께서 한국일보 주일 특파원에게 한국에서 루빈스타인의 콘서트를 열 수 있게 하라고 해서 우여곡절 끝에 한국에서 최초로 루빈스타인 콘서트가 열리게 되었습니다.

지금이야 우리나라가 엄청나게 발전했지만, 1966년에 세계 최고의 피아니스트가 가난한 한국에서 콘서트를 한다는 것은 대단한 일이었습니다. 루빈스타인이 이틀 동안 콘서트를 한다고 하자 온 나라가 떠들썩했습니다.

그런데 당시 우리나라에는 세계적인 피아니스트가 연주할 뛰어난 콘서트 장소와 훌륭한 악기가 없었습니다. 어렵게 장소를 섭외해서 이화여자대학교 강당에서 콘서트를 하게 되었습니다. 그런데 콘서트를 하기 전 자신이 연주할 '스타인웨이'라고 하는 피아노를 한번 두드려 보더니 갑자기 못 하겠다고 하더랍니다.

악기 상태가 너무 나빠서 안 되겠다는 것입니다. 할 수 없이 일본 동경에서 피아노 조율사를 급히 불러서 그가 연주할 피아

회복은 생명입니다(上)

노를 조율했습니다. 다시 피아노에 앉아 연습을 하려고 하는데 이번에는 지나가는 기차 소리가 들렸습니다. 그러자 이번에는 "내가 연주하는 동안 기차 소리가 나면 연주를 하지 않겠다"라고 하더랍니다.

결국, 신촌 구간의 기차를 정지시켜 놓고 루빈스타인의 콘서트를 진행했다는 유명한 일화가 있습니다.

이처럼 음악가들은 자기가 연주하는 악기를 굉장히 중요하게 생각하며 아무 악기나 가지고 연주하지 않습니다. 하물며 하나님은 어떠하시겠습니까? 하나님의 기준은 루빈스타인보다 더 까다롭습니다. 그렇다면 하나님의 기준은 무엇일까요? 깨끗함입니다. 정결입니다. 하나님은 정결한 사람을 귀하게 쓰십니다.

출애굽기 29장을 보면 제사장 위임식을 거행하고 있습니다. 야곱의 열두 아들이 있지만 아론의 자손을 제사장으로 임명했습니다. 위임식은 공개적으로 거행했고, 하나님이 세우시고 권위를 주셨음을 선포했습니다.

먼저 물로 씻겼습니다. 외적으로 정결해야 제사장 의복을 입을 수 있습니다. 다음에는 관유로 기구를 거룩하게 하고 머리에 부어 거룩하게 했습니다. 하나님은 선택한 자에게 능력을 부어주십니다.

세 번째는 내적인 정결을 위하여 수송아지로 속죄제 제사를 드립니다. 진정한 정결은 피 값을 치르고 씻음을 받아야 합니다. 하나님의 일을 감당하기 전에 가장 먼저 중요한 것은 정결입니다. 하나님은 깨끗한 그릇, 깨끗한 사람을 사용하십니다.

예수님도 니고데모에게 물과 성령으로 거듭나지 아니하면 하나님의 나라를 볼 수 없다고 하셨습니다. 물과 성령으로 거듭나야 합니다. 물과 성령으로 날마다 새로워져야 합니다. 예수님의 보혈로 날마다 죄를 용서함 받아야 합니다.

하나님께서 유일하게 인간만 하나님의 형상으로 창조하셨습니다. 하나님은 인간과 관계를 맺으셨습니다. 그러나 인간은 하나님께 불순종했습니다. 그래서 관계가 단절되었습니다. 성경은 하나님과 인간과의 단절된 관계를 어떻게 회복할 것인가를 창세기부터 요한계시록까지 말씀하고 있습니다.

하나님과 인간과의 관계 회복이 급선무입니다. 죄로 인해 관계가 단절되었기 때문에 성경은 정결에 대해서 말씀합니다. 하나님께서 사람이 되셔서 예수님으로 세상에 오신 이유는 죄인인 인간을 정결하게, 깨끗하게 하시려고 오셨습니다.

예수님께서 세상에 오셔서 온갖 고난 당하시고 십자가에서 대속의 죽음을 당하신 이유도 우리를 정결하게 하시기 위함입니다. 정결하게 되는 방법에 대해서 말씀드릴 때 은혜받으시고 정결치 못한 심령이라면 정결을 회복하는 성도가 되시기를 축원합니다.

1. 붉은 암송아지를 네게로 끌고 오게 하고

2절을 보면 "여호와께서 명령하시는 법의 율례를 이제 이르노니 이스라엘 자손에게 일러서 온전하여 흠이 없고 아직 멍에 메지 아니한 붉은 암송아지를 네게로 끌어오게 하고"라고 했습니다.

수송아지가 속죄를 위한 희생 제물로 쓰인(레 16:11) 반면, 암송아지는 정결례를 위한 피 뿌림과 재를 만드는데 사용되었습니다. 암송아지란 완전히 성숙한 암소와 새끼 암송아지의 중간쯤 되는 젊은 암송아지를 가리킵니다.

암송아지는 붉은색으로 한정되었는데 이것은 피의 색깔을 띤 붉은 색의 암송아지는 십자가에서 피흘리심으로써 온 인류의 죄를 말끔히 씻으신 예수 그리스도를 예표하는 기능을 하기 때문으로 추측이 됩니다.

하나님께서 모세와 아론에게 붉은 암송아지 한 마리가 필요하다고 말씀하십니다. 하나님은 이스라엘을 거룩하게 보지 않으셨습니다. 죄가 있음을 보셨습니다. 그러므로 죄를 속할 속죄물, 대속물이 필요하다고 여기신 것입니다.

제사장 엘르아살은 그 송아지의 피를 손가락에 찍습니다. 제사장의 손에 짐승의 피가 묻혔다는 것은 온 회중 백성들에게 그 짐승의 피가 묻혔다는 것입니다. 제사장은 암송아지의 피를 성막 앞에 가서 일곱 번 뿌립니다.

피를 뿌린다는 것은 피흘림이 없이는 죄사함이 없다는 것입니다. 일곱은 완전수입니다. 그 피로 내 죄를 완전히 덮어 버린다는 뜻입니다. 예수님은 십자가에서 흘리신 보혈로 우리의 죄를 완전히 덮으셨습니다.

교회마다 분쟁과 다툼과 분열이 심하게 일어나고 있습니다. 그 이유가 무엇입니까? 교회는 의인만 모이는 곳이 아니라 죄인들이 은혜받은 곳, 상처받은 사람들이 치료받는 곳이다 보니 문제들이 있습니다. 그러므로 교회 안에서 이런저런 문제가 일어날 때 문제를 덮어야 합니다. 성도들의 허물을 덮어야 합니다. 덮을 때 하나 됩니다.

노아가 포도주를 마시고 취해서 바지 벗은 채로 잠이 들었습니다. 이것을 둘째 아들 함이 보고 형제들에게 알렸습니다. 셈과 야벳은 뒷걸음으로 들어가 옷으로 아버지의 하체를 덮었습니다.

함이 형제들에게 알린 것은 아버지가 벌거벗었다는 것을 말하는 정도가 아닙니다. 아버지의 허물을 욕하고, 조롱하고, 비난하는 내용을 담고 있습니다. 그러나 셈과 야벳은 뒷걸음치며 장막 안으로 들어가, 가지고 간 옷으로 아버지의 하체를 가려 주었습니다. 아버지가 실수했지만, 그 허물을 덮어 주었습니다.

우리는 남의 실수와 허물과 잘못에 대해서 함처럼 대할 수도 있고, 셈과 야벳처럼 할 수도 있습니다. 노아는 술에서 깬 다음

회복은 생명입니다(上)

셈과 야벳에게는 축복을 하고 함의 아들인 가나안은 저주를 받을 것이라고 했고, 함은 가장 천한 종이 되어 셈과 야벳, 두 형제를 섬길 것이라고 했습니다.

성도 여러분, 예수님의 보혈이 우리의 죄를 덮은 것처럼 남의 실수와 허물을 덮어 주는 삶을 사시길 축원합니다.

2. 그 암소를 자기 목전에서 불사르게 하되

5절을 보면 "그 암소를 자기 목전에서 불사르게 하되 그 가죽과 고기와 피와 똥을 불사르게 하고"라고 했습니다.

일반 속죄제 때는 번제단 밑에 피를 쏟아부었으나 정결케 하는 물을 만드는 때는 속죄의식을 위해 일곱 번 뿌리고 남은 피를 희생 제물의 나머지 부분과 함께 불태워야 합니다.

그러므로 붉은 암송아지의 이러한 온전한 희생은 십자가에서 우리의 죄를 온전히 대속하신 예수 그리스도의 희생을 암시합니다.

이스라엘은 불살라지는 암송아지를 보면서 한 가지 사실을 깨달아야 합니다. '저기 내 죄가 통째로 불살라지고 있구나!'라고 생각해야 합니다. 그들의 부정함이 태워지는 것입니다.

이스라엘의 지은 죄를 대신하여 암송아지가 불태워졌고 신약시대에는 영적인 이스라엘을 위해 예수님께서 십자가에서 대속의 죽음을 당하신 것입니다. 신앙인이면 주님의 죽으심을 생각하며 나를 정결하게 하기 위해 주님이 죽으셨다는 사실을 믿어야 합니다.

6절을 보면 제사장 엘르아살이 그 암송아지가 불태워지고 있는 그곳에 백향목과 우슬초와 홍색 털실을 던져넣습니다. 그러면 암송아지와 함께 백향목과 우슬초와 홍색 털실도 다 태워집니다.

백향목과 우슬초와 홍색실은 모두 정결케 하는 것을 상징합니다. 붉은 모든 것을 소멸합니다. 시편 18편 8절을 보면 "그의 코에서 연기가 오르고 입에서 불이 나와 사름이여 그 불에 숯이 피었도다"라고 했습니다.

하나님의 불이 모든 것을 사른다고 했습니다. 산불 속에서도 살아남는 동물과 식물이 있습니다. 화장터의 불가마 속에서도 남는 것이 있습니다. 그러나 하나님의 불은 모든 것을 소멸합니다. 제단과 제물 그리고 하늘까지 소멸한다고 베드로후서 3장 12절에서 말씀합니다.

하나님께서 소멸하기를 원하시는 것은 죄입니다. 하나님께서 지으신 모든 것이 보시기에 좋으셨습니다. 그 가운데 죄악이 관영하자 홍수로 심판하셨습니다. 소돔 성의 죄악을 불로 심판하셨습니다. 이처럼 하나님은 불로 죄악을 소멸하십니다.

예수님은 십자가에서 죽게 한 것도 죄를 소멸하기 위함입니다. 죄를 적은 종이를 태운다고 죄가 태워지는 것은 아닙니다. 죄는 물질이 아니기에 태워지는 것이 아닙니다. 죄없이 함을 받는 길은 예수님의 이름으로 회개하는 것입니다.

회개하여 죄사함을 받은 자에게 성령이 임합니다. 성령으로 몸의 행실을 죽이게 합니다. 그러므로 예수님의 십자가의 대속을 믿고, 죄를 회개하고, 성령충만하면 죄를 소멸하게 됩니다.

예수님은 정결함을 상실한 우리를 대신하여 죽으심으로 우리를 정결하게 하셨습니다. 이 사실을 믿으시길 축원합니다.

3. 물로 몸을 씻은 후에 진영에 들어갈 것이라

7절을 보면 "제사장은 자기의 옷을 빨고 물로 몸을 씻은 후에 진영에 들어갈 것이라 그는 저녁까지 부정하리라"고 하였습니다.

'붉은 암송아지의 의식'을 집례한 제사장은 속죄 제물에 전가된 죄와 죽음과 부정에 의식적으로 오염된 것으로 여겨졌기 때문에 정결례의 방법으로 옷을 빨고, 몸을 씻은 후 부정된 날이 지나가기까지 진 밖에 머물러야 했습니다.

이것은 부정의 오염도가 얼마나 심각한지를 보여 주는 동시에 예수님의 정결케 하는 보혈에 온 마음을 적시고 그분이 마련하신 의의 옷을 입을 때 비로소 정결케 됨을 예표합니다.

제사장일지라도 부정한 몸으로 하나님께 나아가면 하나님의 거룩하심에 대한 침범이기 때문에 죽임을 당하게 됩니다. 그러므로 물로 씻어 의식적으로 정결케 되었다고 인정받은 후에 비로소 하나님께 나아갈 수 있었습니다.

아론과 그 아들들이 제사장으로 위임될 때도 먼저 회막 문으로 데려다가 물로 씻기라고 했습니다(출 20:4).

제사장들은 성막에 들어갈 때와 번제단에 제물을 드릴 때도 먼저 물두멍의 물로 손을 깨끗이 씻어야 했습니다. 예수님도 잡히시던 밤에 제자들의 발을 씻어 주셨습니다. 제자들이 선생님의 발을 씻어 드려야 하는데 선생님이 제자들의 발을 씻어 주셨습니다.

그러자 베드로가 "이건 안 됩니다"라고 할 때 예수님은 "베드로야 내가 너를 씻지 아니하면 너하고 나하고는 상관이 없느니라"고 하셨습니다.

더러운 발을 씻는 세족식은 더러운 죄를 씻는 십자가를 가리킵니다. 물로 씻어 정결케 하는 의식입니다. 세상 모든 인간은 다 죄인입니다. 그러나 피로 내 죄를 덮고 불로 태우고, 물로 씻는 것입니다.

이것은 예수님의 십자가에서 대속의 죽음을 당하신 것을 예표하는 것입니다. 선행을 한다고, 수양을 쌓는다고 죄가 없어지는 것이 아닙니다. 예수님의 십자가의 보혈만이 우리의 죄를 정결케 합니다.

　예수를 믿음으로 원죄를 사함 받고, 어떤 죄라도 회개하면 용서함을 받습니다. 성도 여러분, 무엇보다 선행되어야 할 것은 정결입니다. 죄의 문제를 해결하셔서 정결한 성도가 되시길 축원합니다.

초판 1쇄   **2024년 3월 22일**

지은이 _ 김지영

펴낸이 _ 김현태

디자인 _ 장창호

펴낸곳 _ 따스한 이야기

등록 _ No. 305-2011-000035

전화 _ 070-8699-8765

팩스 _ 02- 6020-8765

이메일 _ jhyuntae512@hanmail.net

따스한 이야기 페이스북

https://www.facebook.com/touchingstorypublisher

https://www.instagram.com/touchingstory512

따스한 이야기는 출판을 원하는 분들의 좋은 원고를
기다리고 있습니다.

가격 15,000원